藏在成语里的中国史 2

韩明辉 著

C³S 湖南文艺出版社
HUNAN LITERATURE AND ART PUBLISHING HOUSE 小博集

图书在版编目（CIP）数据

藏在成语里的中国史 . 2 / 韩明辉著 . -- 长沙：湖南文艺出版社，2022.8
  ISBN 978-7-5726-0732-5

Ⅰ . ①藏… Ⅱ . ①韩… Ⅲ . ①汉语－成语－儿童读物 ②中国历史－儿童读物 Ⅳ . ① H136.31-49 ② K209

中国版本图书馆 CIP 数据核字（2022）第 102999 号

上架建议：畅销·传统文化

CANG ZAI CHENGYU LI DE ZHONGGUOSHI. 2
藏在成语里的中国史 . 2

著　　者：韩明辉
出 版 人：曾赛丰
责任编辑：刘雪琳
策划编辑：蔡文婷
特约编辑：王佳怡　安玉茹
营销支持：付　佳　付聪颖　周　然　杨　朔
装帧设计：利　锐
内文插图：东麒阁
出　　版：湖南文艺出版社
　　　　　（长沙市雨花区东二环一段 508 号 邮编：410014）
网　　址：www.hnwy.net
印　　刷：北京中科印刷有限公司
经　　销：新华书店
开　　本：700mm×980mm　1/16
字　　数：85 千字
印　　张：8.5
版　　次：2022 年 8 月第 1 版
印　　次：2022 年 8 月第 1 次印刷
书　　号：ISBN 978-7-5726-0732-5
定　　价：35.00 元

若有质量问题，请致电质量监督电话：010-59096394
团购电话：010-59320018

目录

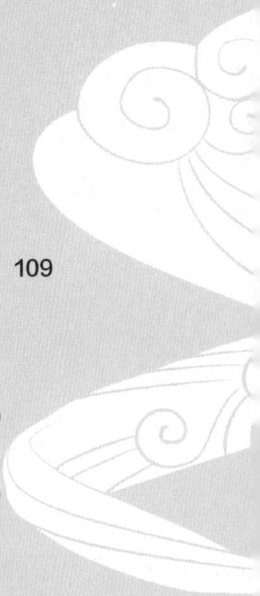

2

焚书坑儒

一场文化浩劫，外加一次血腥屠杀

西汉 司马迁

焚书坑儒，出现在我的《史记·秦始皇本纪第六》："臣请史官非秦记皆烧之。非博士官所职，天下敢有藏《诗》《书》、百家语者，悉诣守、尉杂烧之。……于是使御史悉案问诸生，诸生传相告引，乃自除犯禁者四百六十余人，皆坑之咸阳，使天下知之，以惩后。"

焚书与坑儒其实是两件事。焚书对中国而言是一场巨大的文化浩劫，而坑儒则是一场大屠杀，它们也让秦始皇背负了千古骂名。

释　义	指对文化和知识分子的摧残。
例　句	秦始皇焚书坑儒是事实，说他把天下的书都烧了则不见得，他只是把全国的书集中到咸阳阿房宫，不许民

间多流传，怕老百姓知识高了难统治，这才是真的。

（南怀瑾《论语别裁》）

秦王嬴政统一天下后，自认为德行比三皇好，功劳比五帝高，感觉称王已经不足以彰显他的功绩，于是从"三皇"和"五帝"中各取一个字，自称"皇帝"。他也因此成了中国历史上第一位皇帝。这还不算，他还自称"始皇帝"，让继承者一律称二世、三世，直到万世。

秦始皇称帝后，干了不少利国利民的事，比如统一文字、货币、车轨、度量衡，修建长城，防止游牧民族侵扰中原百姓。

当然了，他也没少干坏事，比如焚书和坑儒。

焚书是由一场争论引发的，而这场争论的焦点在于国家应该实行分封制，还是郡县制。

分封制是将全国的土地分给王室子弟和功臣，让他们建立一个个诸侯国，并且诸侯国的国君之位可以世袭。

那么，什么是郡县制呢？郡县制就是将全国的土地划分为郡和县。郡、县的长官由中央政府任

命，不能世袭，郡县的长官不干了，皇帝会再派其他人接替。如此一来，全国的大权就都牢牢掌握在皇帝一人手中了。

这场争论就发生在一场宴会上。

席间，大臣周青臣称赞秦始皇说："陛下吞并六国，废除分封制，实行郡县制，不会再出现诸侯混战的现象，老百姓也能安居乐业了。我敢说，从古至今没有一个帝王的功绩能超越陛下！"

然而，博士淳（chún）于越却跳出来反驳说："分封制比郡县制好多了！商朝、周朝为什么能统治天下一千多年？不就是因为那些分封出去的诸侯能保护王室吗？周青臣是个小人，他的话不能信！"

秦始皇一时间也分辨不出孰好孰坏，于是交给大臣讨论。

丞相李斯支持郡县制，并说："淳于越所推崇的分封制没有什么值得称道的！他们这帮书呆子就知道以古非今，用各种学说诽谤朝政，蛊惑百姓。"

紧接着，李斯又对秦始皇说："一个人书读得越多，懂得越多，越容易妄议朝政，不如把诸子百家的书全烧了，让天下人都无书

可读！"

　　秦始皇十分赞同，这才下令焚书。之后，又开始坑杀诸生。

　　事实上，坑杀的既有儒生，也有术士，而且这件事是由一帮炼丹的术士引发的。

　　众所周知，秦始皇做梦都想长生不老，所以他招揽了一些术士，天天帮他炼制长生不老药。但这些术士钱花得不少，却从来没办成过事，还经常为非作歹。

　　就在秦始皇对他们失望至极的时候，有两个术士还在背后说他的坏话。秦始皇龙颜大怒，立刻派人调查这些术士，结果牵扯出来四百六十多人。秦始皇一声令下，将他们全部活埋。

作者说 超有料

秦始皇焚书时，其实并没有将诸子百家的书全部烧掉，只是将民间收藏的诸子百家的书全烧了，而博士官收藏的书没有烧。当然了，医药、占卜、农林方面的书以及秦国的史书，也没有烧。遗憾的是，后来西楚霸王项羽进入咸阳时放了一把火，把仅剩的一些书也烧了。

rén rén zì wēi

人人自危

为巩固皇位，不惜血洗咸阳

人人自危，出现在我的《史记·李斯列传第二十七》："法令诛罚日益刻深，群臣人人自危，欲畔者众。"

人人自危，讲的是秦二世为巩固皇位血洗咸阳的事。秦二世之所以如此残忍，跟他得位不正有关。为了巩固皇位，他可谓是不择手段。

西汉 司马迁

释 义	每个人都感到自身处境危险。形容局势或气氛十分紧张。
近义词	人心惶惶、提心吊胆、胆战心惊
反义词	高枕无忧、安居乐业
例 句	世宗爷雷厉风行整顿之后，朕不愿官场鸡飞狗跳人人自危。谁知吏治竟败坏得如此之快！看来不杀几个封疆大吏难以防微杜渐！（二月河《乾隆皇帝》）

秦始皇一心想长生不老，做永远的统治者，但天不遂人愿，五十岁那年，他在巡游天下的途中因病去世。

临终前，他给长子扶苏写了一封诏书，打算将扶苏从上郡召回都城咸阳，主持他的葬礼。其实，就是让扶苏回去继承皇位。

遗憾的是，诏书还没有发出，秦始皇就驾崩了，而诏书落入了大臣赵高手中。

赵高与扶苏一向不和，一旦扶苏即位，又岂会有他的好果子吃！于是，赵高便动起了坏心思，打算伪造诏书，让秦始皇的另一个儿子胡亥（hài）继承皇位。

胡亥倒是乐意跟赵高同流合污，但仅凭他们二人，这事还办

不成，还需要一个人帮忙，这个人就是丞相李斯。

赵高找到李斯，并对他说："皇帝已经驾崩，让谁即位还不是你我一句话的事吗？"

李斯吓了一跳，随即呵斥道："你怎么能说出这种亡国的话呢？这不是臣子应该议论的事！"

赵高并不生气，而是笑嘻嘻地问他："你跟大将军蒙恬相比，谁的本事更大？谁的功劳更高？谁更有谋略？谁跟扶苏的关系更好？"

李斯被问得面红耳赤："虽然我样样不如蒙恬，但你怎么能这样羞辱我呢？"

紧接着，赵高吓唬李斯说："扶苏一旦即位，就会让蒙恬取代你做丞相。到那时，还会有你的容身之地吗？而胡亥天性愚笨，毫无主见，如果让他继承皇位，你可以继续做丞相，享受荣华富贵！"

李斯一想，赵高说得确实在理，便答应跟赵高同流合污。

此前，李斯早已封锁秦始皇驾崩的消息，所以大家都以为秦始皇还活着。赵高、胡亥、李斯三人便以秦始皇的名义立胡亥为太子，然后又伪造诏书将扶苏赐死。

扶苏死后，胡亥顺利继承皇位，史称"秦二世"。

为了巩固皇位，秦二世大肆屠杀兄弟姐妹和文武百官。其中，有近二十位公子、十位公主被杀，文武百官被杀的更是不计其数。一时间，人人自危。

尽管如此，秦二世仍不断地颁布严刑峻法，大肆修建宫殿，增加赋税，征发徭役，搞得民不聊生，而他却整天躲在皇宫里寻欢作乐，好不快活。

作者说 超有料

如果秦始皇早立太子，或许就不会发生秦二世、赵高、李斯合伙篡改遗诏的事了，但秦始皇为什么到死都没有立太子呢？其实道理很简单，因为只有会死的人才需要继承人，而他认为自己会长生不老，所以不需要继承人。与此同时，他还自信过头，认为即便自己死了，也没有人敢篡改遗诏。然而他没有想到，他一死遗诏就被人篡改了。

有人可能会好奇，李斯帮助秦二世夺取皇位后，有没有保住丞相之位呢？没有，而且他的下场十分凄惨。由于赵高想要取代李斯，自己做丞相，便诬陷李斯谋反。秦二世信以为真，于是将李斯腰斩于咸阳，然后让赵高做了丞相。

jiē gān ér qǐ

揭竿而起

哪里有压迫，哪里就有反抗

西汉 贾谊

揭竿而起，出现在我的《过秦论》："率疲弊之卒，将数百之众，转而攻秦，斩木为兵，揭竿为旗。"

揭竿而起，讲的是陈胜、吴广起义的故事。陈胜、吴广虽然只有九百戍卒，却掀起一场席卷全国的起义，并沉重打击了秦王朝的统治。

释　义	举竿为旗，奋起反抗。后指起义造反，武装暴动。
近义词	逼上梁山、官逼民反
反义词	逆来顺受、引颈受戮
例　句	秦汉历史上，农民揭竿而起，其冲击可以颠覆朝代。（许倬云《万古江河》）

就在秦二世即位的第二年，小队长陈胜、吴广奉命带领九百名戍卒去戍守渔阳。

他们走到大泽乡时，碰上了大雨。由于道路泥泞，无法在规定的期限内到达。然而，秦法规定，如果无法按时到达就要全部处死。陈胜与吴广等人个个心急如焚。

有一天，他们商量说："去渔阳是死，逃跑也是死，还不如造反，万一成功了，没准还能活命！"

可是仅凭陈胜、吴广与九百名戍卒又怎么能打得过秦朝的百万大军呢？

这时，陈胜突然想到一个好主意。他对吴广说："我听说秦二世不该继承皇位，应该由长子扶苏继承。老百姓都爱戴扶苏，却不知道他已经死了。此外，楚将项燕也十分受老百姓爱戴，有人说他死了，也有人说他还活着。如果我们冒用他们的名义，号召天下人一起造反，相信一定会有很多人响应！"吴广十分赞同。

造反前，陈胜、吴广不知道是吉是凶，还找算命先生算了一卦。

算命先生早已猜出他们的想法，便对他们说："你们的事肯定能成，但我建议你们再找鬼神帮你们算一卦！"

　　两人高兴坏了，还说："算命先生这是在教我们用装神弄鬼的方式来提高威信啊！"

　　随后，两人在一条白绸带上写下"陈胜王"三个字，然后偷偷塞进鱼贩子贩卖的鱼的肚子里。

　　这条鱼恰巧被他们手下的戍卒买走。当戍卒剖开鱼腹打算做鱼汤时，却发现鱼腹中有条白绸带，上面写着"陈胜王"三个字。这事很快在戍卒之间传开了，他们个个惊诧不已。

　　当天夜里，吴广又躲在一个杂草丛生的破庙里，模仿狐狸的声音叫道："大楚兴，陈胜王……"

　　从此以后，戍卒们对陈胜更加敬畏了。

　　陈胜、吴广见时机已经成熟，就杀掉押送他们的将尉，然后对戍卒们说："如今遇到大雨，耽误了期限，我们都要被砍头。即便不被砍头，大部分也会死在戍边的过程中。大丈夫不死也就罢了，既然死就要死得轰轰烈烈，王侯将相难道都是天生的吗？"

　　戍卒们纷纷表示赞同。

于是，他们揭竿而起，掀起了中国历史上第一次大规模农民起义运动，史称"大泽乡起义"。

起义爆发后，立刻席卷天下，各地民众纷纷响应。就连那些早已亡国的六国旧贵族也都纷纷起义，并趁机复国。

没过多久，陈胜、吴广率领的队伍便壮大到几万人，并且一连攻克了很多县城。当到达陈县时，陈胜便自立为王，并建立"张楚"政权。与此同时，吴广也做了王。

当起义军从四面八方杀向咸阳时，秦二世吓得连忙派大将章邯率领七十万罪犯前去平叛。

章邯是一员虎将，他一出马，便打得起义军溃不成军。

在章邯猛烈的进攻下，陈胜、吴广仅仅坚持了六个月便失败了。

尽管陈胜、吴广失败了，但由陈胜、吴广掀起的反秦起义依然在轰轰烈烈地进行着。

作者说

超有料

你有没有发现陈胜、吴广同时打着扶苏和项燕的旗号起义，既是一手好棋，也是一着臭棋？之所以说是一手好棋，是因为打着他们的旗号，确实可以利用他们的影响力号召更多的人加入起义。之所以说是一着臭棋，是因为扶苏与项燕分别属于两个矛盾不可调和的敌对势力。如果老百姓细想一下，他们就会发现：扶苏的爸爸秦始皇灭掉了楚国，作为楚将的项燕不可能跟秦始皇的儿子联合，而扶苏更不可能跟项燕联合推翻他爸建立的秦朝。所幸，当时的老百姓并不关心这些，他们一心想推翻暴秦，并不会深究扶苏和项燕会不会联合，甚至不会深究他们是不是还活着。所以，陈胜、吴广才能打着他们的旗号迅速崛起。

yí bài tú dì

一败涂地

找合适的人，做合适的事

一败涂地，出现在我的《史记·高祖本纪第八》："天下方扰，诸侯并起，今置将不善，一败涂地。"

一败涂地，讲的是汉高祖刘邦在发迹前不愿做沛（pèi）县县令的故事。不过，幸亏他最终妥协做了沛县县令，不然将来又怎么会轮到他建立一个王朝呢！

西汉 司马迁

释 义	多形容失败惨重，不可收拾。
近义词	溃不成军、全军覆没、丢盔弃甲
反义词	百战百胜、旗开得胜、势如破竹
例 句	最近她变了很多，她为弥赛菈加冕的阴谋被人出卖，落得一败涂地，她的白骑士被何塔砍得身首异处，她自己也被关进太阳塔，禁闭思过。（乔治·R.R.马丁《冰与火之歌》）

陈胜、吴广起义后，各郡县的老百姓纷纷诛杀本地官吏响应他们。这下可把沛县的县令吓坏了！

就在县令打算率领沛县的老百姓响应陈胜、吴广时，县吏萧何、曹参向他建议说："你是秦朝官吏，却想率领沛县的老百姓起义，老百姓会听你的吗？不如把那些逃亡在外的人召回来，利用他们挟持老百姓，老百姓就不敢不听你的了！"

县令认为有道理，便采纳了他们的建议。

在召回的这些人中，有一个人叫刘邦，他曾经做过亭长，后来奉命押送役徒去骊山，由于失职，担心朝廷降罪，便躲进大山。

当刘邦到达沛县城下时，没想到县令却突然后悔了，然后关闭城门，不让刘邦进城。

刘邦很生气，就对城里的父老乡亲说："天下苦于秦朝的暴政已经很久了！如今，诸侯纷纷起兵反秦，你们却还在替县令守城，沛县恐怕马上就会遭到屠戮。如果你们能杀掉县令，响应诸侯，就能保全家人性命，不然全城老少都会被杀光。"

老百姓十分害怕，便一起杀掉县令，将刘邦迎入城中。

眼下，最要紧的事就是找个人做县令，然后带领大家起义。但是让谁做县令呢？大家一致推荐刘邦。

起义如果成功了还好，一旦失败，可是要灭族的！

刘邦可不想做出头鸟，便推辞说："如今天下大乱，如果不能选择一个合适的人，将会一败涂地。我没什么本事，不能保全大家，希望大家能选择一位有才华的人。"

萧何与父老乡亲将刘邦团团围住，你一言，我一语，不停地做刘邦的思想工作。

"我可都听说了，你的出生可不一般，而且你的面容酷似龙

颜，腿上还长有七十二颗黑痣，别说沛县，就是全天下，也没有比你面相更好的人了，你不做县令谁做？"

"我听说你是赤帝的儿子，曾经斩杀过白帝的儿子。赤帝的儿子难道还不配做一个县令吗？"

"我们已经占卜过了，没有人比你更适合当县令！你要是再推辞，就是见外了！"

见推辞不过，刘邦心一横，便答应了。

就这样，刘邦做了沛县县令，大家都称呼他为"沛公"。

作者说
超有料

　　如果你去翻史书，你会发现其中记载了大量关于刘邦的传说。比如，他的出生不一般；他喝醉酒倒在酒馆呼呼大睡的时候，身体上方时常会出现一条龙；他躲在大山里时，头顶上方经常有一团只有他老婆才能看到的云气……事实上，这些传说都是假的，都是刘邦制造出来的谣言。他之所以这么做，跟陈胜、吴广在起义前装神弄鬼一样，不过是为了提高自己在民众中的威信罢了。

xiān fā zhì rén

先发制人

先下手为强，后下手遭殃

先发制人，出现在我的《史记·项羽本纪第七》："江西皆反，此亦天亡秦之时也。吾闻先即制人，后则为人所制。吾欲发兵，使公及桓楚将。"

先发制人，讲的是会（kuài）稽（jī）郡守想反秦却被杀害的故事。杀他的，正是楚将项燕的儿子项梁以及孙子项羽。项梁、项羽叔侄二人之所以能崛起，也恰恰是因为有会稽郡这个根据地。

西汉 司马迁

释义	先行动的一方就能取得主动权，制伏对方。
近义词	先声夺人
反义词	后发制人
例句	德军迅速攻占挪威、攻破色当，以及后续的种种都证明了德国手握先发制人的主动权。（温斯顿·丘吉尔《第二次世界大战回忆录》）

当反秦起义的战火在全国不断蔓延的时候，会稽郡的郡守认为秦朝迟早会灭亡，便想起兵造反。

于是，他对项梁说："现在长江以西的人都反了，看来是上天要灭亡秦朝了。我听说，先行动能制伏别人，后行动就会被别人制伏，所以我想尽快起兵，让您和桓（huán）楚当将军。"

项梁听罢，计上心头，他欺骗郡守说："桓楚逃亡在外，只有我侄子项羽知道他的下落。我现在就把项羽叫来，让他帮你寻找桓楚。"

随后，项梁走出郡守府，找到项羽，并跟他嘀咕几声，然后将项羽带到郡守面前。

正当项羽向郡守汇报桓楚的行踪时，项梁突然冲项羽大喊一声："可以动手了！"

还没等郡守反应过来，他的人头已经被项羽砍了下来。士兵见郡守被杀，纷纷冲向前要杀项梁、项羽。

项羽力能扛（gāng）鼎，剑法精湛，一连砍杀了一百多名士兵。其他士兵见状，吓得趴在地上，一动不动。就这样，项梁轻轻松松地占领了会稽郡。

当时，陈胜手下的将领听说陈胜屡屡被秦军打败，眼看秦军就要杀来，他便假传陈胜的命令，拜项梁为上柱国，并催促他发兵攻打秦军。

于是，项梁召集八千江东子弟，渡江灭秦。一路上，有很多人加入他的军队。然而没过多久，便从前线传来陈胜被杀的消息。

这时，有个叫范增的老者对项梁说："陈胜失败是理所当然的事啊！"

项梁好奇地问："为什么这么说呢？"

“陈胜起义后没有立楚国王室后裔为王，反而自立为王，他太自私了，所以才会失败！”

　　紧接着，范增向项梁建议：“你起兵江东，楚地将领争先恐后地来投奔你，是因为你们项家世世代代为楚将，他们都希望你能拥立楚国王室后裔为王。如果你能顺应民心，还愁不能推翻暴秦吗？”

　　当时，楚怀王的孙子熊心已经沦落到给地主家放羊的地步。项梁立刻将他找来，立为楚王，并且仍称“楚怀王”。

　　从此以后，项梁的军队一天比一天强大，还多次打败秦将章邯。不过，这也让项梁变得骄傲自大起来。

　　为了对付项梁，朝廷不断给章邯增加援军，秦军实力陡增。

　　项梁却依然轻敌，最终落得兵败身亡。

作者说
超有料

年少时，项羽便志向远大。项梁曾教他读书写字，他一脸嫌弃地说："读书写字只能用来记姓名。"项梁只好教他练剑，他却说："剑只能对付一个人，我要学对付上万人的本领。"于是，项梁便教他兵法，而项羽也是一个兵法奇才，一点就通。据说，刘邦和项羽都曾见过秦始皇。当刘邦见到秦始皇时，他感叹说："大丈夫就该如此！"而项羽却说："我可以取代他！"

pò fǔ chén zhōu

破釜沉舟
一场以少胜多的战役

破釜沉舟，出现在我的《史记·项羽本纪第七》："项羽乃悉引兵渡河，皆沉船，破釜甑（zèng），烧庐舍，持三日粮，以示士卒必死，无一还心。"

破釜沉舟，讲的是项羽救援赵国的故事。为了救援赵国，项羽不惜破釜沉舟，最终大败秦军，帮助赵国解了围。

西汉 司马迁

释　义	比喻不留退路，下定决心一拼到底。
近义词	义无反顾、决一死战、孤注一掷
反义词	优柔寡断、瞻前顾后、举棋不定
例　句	七姑奶奶的行事，与一般妇女不同，也就在这个手法上充分显现了。想想她真是用心良苦，而敢于如此大胆地作破釜沉舟之计，也不能不佩服！（高阳《红顶商人胡雪岩》）

秦将章邯打败项梁后，认为楚国已经不足为惧，于是乘胜进攻赵国，并将赵王歇重重围困在巨鹿城中。

巨鹿告急！赵国告急！赵王歇连忙向各诸侯国求救。

救人如救火，各诸侯国一刻也不敢耽搁，纷纷召集人马前去救援。

在这些救援队伍中，有一支格外耀眼，那就是楚国的军队。这支军队由上将军宋义和副将项羽统领。

然而，让大家疑惑不解的是，当宋义率军到达距离巨鹿不远的地方时，却突然停止前进，并且这一停就是一个多月。

赵国危在旦夕，宋义为什么不肯继续前进呢？原来，他想坐山观虎斗。

当项羽多次催促宋义前进时，宋义却说："秦军攻打赵国，如果秦军获胜，必定疲惫不堪，到时候我们再进攻秦军，胜算岂不是更大？如果秦军无法获胜，我们就直奔咸阳，端了秦朝的老巢！所以，不如让秦、赵两国先拼个你死我活！"

随后，宋义笑了笑，并对项羽说："冲锋陷阵，我不如你。但出谋划策，你不如我！"

宋义见项羽心中不服，当即下令："不听号令者，一律斩首！"

项羽见自己无法说服宋义，便动了杀心。

不久，宋义将儿子送到齐国做国相，并大摆筵席为他送行。

当时，天寒地冻，大雨不断，将士们个个饥寒交迫。项羽怒不可遏地对将士们说："诸将合力攻秦，宋义却逗留不前。眼下正在闹饥荒，将士们只能靠野菜充饥，而他却还在大摆筵席。他不与赵军合力攻秦也就算了，竟然还恬不知耻地说要等秦军疲惫再发动进攻。如果放任强大的秦军去攻打弱小的赵军，赵国必定灭亡。赵国一旦灭亡，秦军就会更加强大，哪里会疲惫！大王把士兵尽数托付给宋义，楚国的生死存亡在此一举，而宋义不但不体恤士兵，反而还以权谋私，并非社稷之臣！"

到了第二天早晨，项羽冲进宋义的营帐中将他的项上人头给砍了下来。

宋义一死，项羽取代他做了上将军，并且立刻率军渡河营救赵国。

项羽在渡河后还做了一个惊人的决定：他命士兵凿沉所有战船，砸毁所有锅碗瓢勺，烧掉所有帐篷，只携带三天的干粮。

当项羽率领楚军与秦军拼杀时，楚军喊杀声震天，士兵无不以一当十。

当时，前来救援赵国的各诸侯国的将领由于惧怕秦军都不敢参战，只好作壁上观。这场仗打得极其惨烈，他们一个个看得心惊肉跳。

很快，项羽便打败章邯，替赵国解除了危机。

事后，项羽便召见各诸侯国的将领。这些将领个个惧怕项羽，去见项羽时，无不跪着前行，不敢抬头。

从此以后，项羽便成了各诸侯国的上将军，所有诸侯都听命于他。

让项羽高兴的是，不久章邯率领二十多万秦军投降了。

为避免秦军反叛，项羽还将二十多万秦军全部活埋，

只留下章邯等三位秦军主将。

章邯领导的秦军是秦朝的主力部队，他投降，意味着秦朝几乎没有兵力再与各诸侯国对抗。秦朝离灭亡已经不远了。

作者说 超有料

项羽为什么要破釜沉舟呢？他就不怕万一失败，连条退路都没有吗？其实，这一招在兵法上叫"置之死地而后生"。也就是说，军队没有退路，士兵为了保全性命，只能拼死杀敌，绝地求生。

zhǐ lù wéi mǎ

指鹿为马
一个不辨忠奸的皇帝

指鹿为马，出现在我的《史记·秦始皇本纪第六》："赵高欲为乱，恐群臣不听，乃先设验。持鹿献于二世，曰：'马也。'二世笑曰：'丞相误邪？谓鹿为马。'问左右，左右或默，或言马以阿顺赵高，或言鹿。"

指鹿为马，讲的是赵高想谋反的故事。可惜秦二世虽辨鹿马，却不辨忠奸，以致身死国灭。

西汉 司马迁

释义	比喻颠倒黑白，混淆是非。
近义词	混淆是非、张冠李戴、颠倒黑白
反义词	实事求是、黑白分明、明辨是非
例句	总之得有个颠扑不破的真理，或无可置疑的根据，来为平等撑腰，以使自由得其捍卫吧。这才是问题之关键。要么没有这样的根据，只好任由强权去指鹿为马；

要么就得有个根深据固的最高判断，令强权无论怎样改头换面都有天敌。（史铁生《扶轮问路》）

就在起义军纷纷杀向秦朝的都城咸阳时，赵高却生出造反之心。由于担心文武百官不肯服从自己，他决定试探一下他们。

有一天，赵高当着文武百官的面，献给秦二世一只鹿，并乐呵呵地对秦二世说："陛下，你瞧，我给你带了一匹马！"

秦二世看罢，大笑道："丞相搞错了吧？这哪里是马，分明是一只鹿！"

"陛下，你看错了，这是一匹马！"赵高又转身问文武百官，"你们说是鹿，还是马呢？"

有人沉默，有人说是鹿，也有人说是马。很快，那些说是鹿的人全被赵高治罪。文武百官从此开始惧怕赵高。

此时，除了秦国故地，以前六国的土地几乎全被起义军占领，韩、赵、魏、楚、燕、齐六国也全部复国。

此前，赵高多次向秦二世保证，起义军成不了气候，如今眼看起义军就要打到咸阳，赵高担心秦二世会杀他泄愤，从此装病，不敢再去上朝。

不久，秦二世又派人责备赵高，赵高更加害怕。为了保命，赵高便派女婿阎乐带兵进宫去杀秦二世。

阎乐抓到秦二世后，对秦二世说："你残暴不仁，天下人都背叛你了，你看该怎么办吧！"

秦二世恳求道："可以让我见见丞相吗？"

"丞相不想见你！"

"给我一个郡，让我去那里做个王呢？"

"你想得倒美！"

"让我做个万户侯呢？"

"不可能！"

秦二世长叹一声，说："那就让我做个老百姓吧！"

阎乐依然没有答应。

秦二世自知必死无疑，便拔剑自杀了。

国不可一日无君，那么让谁来做国君呢？赵高心里清楚，自己做国君，文武百官肯定不答应，便决定让秦朝宗室子弟——子婴做国君。但赵高认为，秦朝的国土已经所剩无几，所以没让子婴继续称皇帝，而是让他像过去一样称秦王。

子婴怀疑赵高想害他，所以当赵高多次派人催他去即位时，他始终不肯去。

赵高没办法，只好亲自到子婴家请子婴。子婴与两个儿子趁机杀死了赵高，然后子婴即位，做了秦王。

作者说 超有料

关于子婴的身世其实一直存在争议。目前，主要有两种观点：第一种观点认为，子婴是秦始皇的孙子，也就是秦二世的哥哥的儿子，甚至认为子婴就是扶苏的儿子。这点《史记·秦始皇本纪第六》中有记载："立二世之兄子公子婴为秦王。"第二种观点认为，子婴是秦始皇的弟弟。这点《史记·李斯列传第二十七》中有记载："高自知天弗与，群臣弗许，乃召始皇弟，授之玺。"

那么，哪种观点更可信呢？第二种观点。原因主要有两个：一、先不说子婴是不是秦二世的哥哥的儿子，但至少不太可能是扶苏的儿子，因为秦二世除掉扶苏之后，不会不斩草除根。二、当时子婴已经有两个可以与他一起谋划杀赵高的儿子，说明他的两个儿子至少已经十几岁了，甚至已经成年，这时子婴至少也有30岁了。假如秦始皇此刻还活着，也已经53岁了，子婴的年龄跟秦始皇相差最多不过23岁，子婴怎么可能是秦始皇的孙子呢？

yuē fǎ sān zhāng

约法三章

一次收买人心的约定

约法三章，出现在我的《史记·高祖本纪第八》："与父老约，法三章耳：杀人者死，伤人及盗抵罪。"

约法三章，讲的是刘邦将秦朝繁杂的严刑峻法简化为三条法律的故事。也正因如此，刘邦在秦朝故地——关中赢得了民心。

西汉 司马迁

释义	泛指共同议定必须遵守的简单条款。
反义词	为所欲为
例句	跟你约法三章，有一日我在别的事上出了差错，六爷也得保，保我——我们是恩亲嘛！（二月河《乾隆皇帝》）

早在项羽破釜沉舟北上救赵的时候，楚怀王便与诸将约定：谁先攻进关中，灭掉秦朝，就让谁做关中王。

当时，刘邦已经归附楚怀王，并成为他手下的将领。为了做关中王，他在谋士张良等人的帮助下，一路过关斩将，攻到咸阳城下。

然而，刘邦并没有直接攻城，而是选择派人进城劝降秦王子婴。那么，子婴会轻易投降吗？

此刻，秦军主力已随章邯投降，子婴手下几乎没有一兵一卒可供调遣。也就是说，他根本无力阻挡刘邦攻破咸阳。无奈之下，子婴只好捧着玉玺，开城投降了。

此时，子婴仅仅做了四十六天的秦王，而建立只有十五年的

秦朝也从此宣告灭亡。

有人向刘邦建议说："秦朝残暴，不杀秦王不足以平民愤！"

刘邦却说："人家已经投降了，我们怎么能杀投降的人呢！"于是，他命人将子婴看管起来。

随后，刘邦带兵进入咸阳，并直奔皇宫。皇宫里到处都是稀世珍宝和美女，刘邦哪见过这场面，便想住下不走了。

谋士张良劝他说："正是因为秦朝残暴，你今天才有机会来到这里替天下人推翻暴政。你现在刚进入咸阳，本该以朴素为本，如果贪图享乐，不就成了一个暴君吗？"

刘邦虽然打仗不行，又爱骂人，但有一个优点，那就是擅长听取别人的建议。于是，他还军霸上。

随后，刘邦召集关中各县父老、豪杰，并对他们说："你们苦于秦朝的严刑峻法已经很久了！今天，我与你们约法三章：杀

人的一律处死，伤人和抢劫的根据情节定罪。其余条款，一律废除。"然后，刘邦又派人将这个消息告诉了老百姓。

老百姓听说后，都非常高兴，纷纷拿着酒肉款待刘邦的士兵。刘邦不肯接受，还说："我们不缺粮食，大家就别破费了！"

老百姓更加高兴了，都盼望着刘邦能做关中王。

超有料 作者说

从商鞅变法到秦朝灭亡这一百多年间，关中的老百姓一直活在严刑峻法之下。刘邦与诸将约法三章，等于为百姓卸下了一个负担，让他们不再日夜担心自己的境遇。刘邦也因此受到关中老百姓的拥戴。这也是在楚汉争霸期间，刘邦虽然逢战必败，却依然能屹立不倒的原因。

项庄舞剑，意在沛公

一场惊心动魄的饭局

项庄舞剑，意在沛公，出现在我的《史记·项羽本纪第七》："樊哙曰：'今日之事何如？'良曰：'甚急。今者项庄拔剑舞，其意常在沛公也。'"

项庄舞剑，意在沛公，讲的是项羽的亚父——范增在鸿门宴中怂恿项庄杀刘邦的故事。不过，项庄并没有得手，致使刘邦成为跟项羽争夺天下的头号敌人。

西汉 司马迁

释　义	比喻说话和行动的真实意图别有所指。
近义词	居心叵测、居心不良、别有用心
反义词	光明磊落、光明正大、名正言顺
例　句	我不由得回忆起到东北后的一连串经历，从逛公园被宪兵包围起，一直到最近不准许我接见"大臣"，我肯定这都是关东军对我提防的表示。因此，我越想越

觉着植田的"杀一儆百"这句话不妙。我怕他说这话是"项庄舞剑，意在沛公"。（爱新觉罗·溥仪《我的前半生》）

为了能做关中王，刘邦干了一件蠢事：派兵把守函谷关，不让各路诸侯入关。

当项羽率领各路诸侯杀向咸阳时，却听说刘邦早已入关，并且拦着不让他们入关，顿时火冒三丈。

就在这时，刘邦手下的将领曹无伤为了讨好项羽，还向项羽打小报告说："刘邦想做关中王，让子婴做丞相，并且打算将秦朝的全部珍宝占为己有！"

项羽怒气冲天地说："我明天就带兵灭了他！"

当时，项羽有四十万精兵强将，刘邦只有十万乌合之众，项羽灭掉刘邦就像捏死一只蚂蚁一样容易。

眼看刘邦就要大祸临头，没想到有个人却救了他一命，这个人就是项羽的叔叔项伯。

原来，张良曾经救过项伯一命，为了报恩，项伯连夜跑到刘邦的军营，将项羽准备攻打刘邦的消息告诉了张良，并劝张良说："你还是赶快逃命吧，不然明天就要给刘邦陪葬了！"

张良十分讲义气，便对项伯说："人家现在遇到了麻烦，我独自逃走太不仗义了！"于是，张良将项羽准备攻打刘邦的消息告诉了刘邦，并与刘邦一起想办法。

为了讨好项伯，刘邦还跟项伯结为儿女亲家，并且答应第二天亲自到鸿门向项羽谢罪。

第二天一大早，刘邦便带着张良、樊哙（kuài）等人去见项羽。

见到项羽，刘邦死活不肯承认自己想做关中王，还向项羽哭诉说："我和将军合力攻秦，没想到我却侥幸抢先入关，怎奈有小人挑拨离间，让将军对我产生误会！"

项羽说："还不是因为你手下的将领曹无伤跟我说这些，不然我怎么会怀疑你呢！"

　　此刻，刘邦恨不得将曹无伤碎尸万段。不过，眼下最重要的是不让项羽猜忌自己，于是他不停地向项羽谢罪。

　　项羽见刘邦不肯承认自己想做关中王，也拿他没办法，只好邀请他一起吃饭，而这顿饭就是中国历史上非常有名的鸿门宴。

　　席间，范增三番五次举起玉玦，提醒项羽早下决心，将刘邦杀死在饭桌上，但项羽总是视而不见。

　　范增没办法，只好叫来项羽的堂弟项庄，让他以舞剑助兴为由，趁机杀掉刘邦。

　　就在项庄舞剑期间，没想到项伯也拔剑起舞，屡屡用身体护着刘邦，使得项庄无法下手。

　　眼看刘邦每一分每一秒都有可能成为刀下鬼，张良连忙走出营帐，去找樊哙帮忙。

　　樊哙一见到张良，连忙问道："里面的情况怎么样了？"

张良一脸担忧地说："实在太危险了！项庄表面上是在舞剑，实际上是想要趁机杀掉沛公！"

"不行，我要进去与沛公同生共死！"说罢，樊哙闯入营帐。

项羽并没有责备樊哙，而是命人端给他一只生猪腿让他吃。

樊哙也不拒绝，拔出剑切下一块肉，大口大口地吃起来。

"壮士还能再喝点酒吗？"项羽问樊哙。

"我死都不怕，又岂会怕喝酒！"樊哙回答说，"楚怀王与诸将约定，谁先入关谁做关中王，如今沛公率先入关，一丝一毫都不敢占有，然后封闭宫室，还军霸上，就是为了等待将军。之所以派人把守函谷关，是为了防备盗贼和意外的变故。沛公劳苦功高，没有得到封赏也就算了，将军怎么能听信谗言，想要诛杀有功之人呢？"

项羽无言以对，只好请樊哙坐下来一起吃饭。

一顿饭下来，刘邦被吓得魂不附体，再吃下去，恐怕

这辈子都没有机会再吃饭了。于是，他以上厕所为由走出营帐，逃回自己的军营。一回到军营，他便杀掉了曹无伤。

为避免项羽怪罪，刘邦临走前还不忘嘱咐张良留下来代他向项羽辞行。

范增听说刘邦已经回营，气呼呼地说："将来夺取项王天下的必定是刘邦，我们这些人恐怕都会成为他的俘虏！"

作者说 超有料

在鸿门宴中，如果项羽想杀刘邦，刘邦必死无疑，但是项羽为什么不杀刘邦呢？这是因为项羽目光短浅，缺乏政治智慧。尽管范增早已提醒项羽，刘邦野心不小，将来会成为他争夺天下的最大障碍，但项羽不相信。但凡项羽听从范增的建议杀掉刘邦，也不致落得个凄惨下场。

衣锦夜行

yī jǐn yè xíng

一次目光短浅的炫富行为

衣锦夜行，出现在我的《史记·项羽本纪第七》："项王见秦宫皆以烧残破，又心怀思欲东归，曰：'富贵不归故乡，如衣绣夜行，谁知之者！'"

衣锦夜行，讲的是项羽想回乡炫富的故事。可惜项羽目光短浅，不然别说称霸，就是称帝也不是什么难事。

西汉 司马迁

释　义	穿着锦绣的衣裳在夜间出行。比喻官居高位，别人却看不到自己的荣华富贵。
近义词	衣绣夜行、衣锦夜游
反义词	衣锦还乡、衣锦荣归
例　句	新屋落成而不宴宾客，那简直是衣锦夜行。（梁实秋《雅舍小品》）

鸿门宴之后，刘邦再也不敢阻拦项羽入关。项羽率领各路诸侯浩浩荡荡地开进了咸阳。

进入咸阳，项羽便大肆屠杀秦人，还杀掉了投降的秦王子婴。此外，他还放了一把大火，将秦朝的宫殿尽数烧毁。大火一连烧了三个月都没有熄灭。

待咸阳变成一片废墟之后，项羽决定带着掳掠来的金银珠宝和美女打道回府。

就在这时，有人向项羽建议说："关中地势险要，土地肥沃，如果在这里建都，可以称霸天下。"

项羽打算衣锦还乡，便拒绝说："富贵不还乡，犹如穿着锦绣的衣裳在夜间行走，谁能看得见呢？"

如果就这样，还不算最风光。接下来，项羽又干了一件更风光的事：分封天下。

项羽本是楚怀王的臣子，按理说应该由楚怀王分封天下，为什么最后却由项羽分封天下呢？

原来，项羽曾向楚怀王请示如何封赏灭秦的诸位将领。楚怀王说，按约定办。如果按约定办，刘邦理应获封关中王，而项羽却无法称王。这是项羽最无法容忍的。

项羽决定违抗楚怀王的命令，自己分封天下。

在分封天下前，他对诸将说："楚怀王是我们项家所立，什么功劳都没有，凭什么按他说的办呢！再说了，当初刚起义的时候，只是暂时拥立六国诸侯的后裔为王，以便讨伐暴秦。然而，亲自身穿铠甲、手执兵器，消灭暴秦、平定天下的，却是我们。"

诸将纷纷表示赞同。

于是，项羽先将楚怀王尊为义帝，然后亲自主持分封天下。他一口气分封了十八个诸侯王，然后自立为西楚霸王。

刘邦有没有被封在关中并成为关中王呢？没有。项羽故意将他封在偏僻的巴蜀和汉中，让他做了汉王。

项羽还蛮横无理地对刘邦说："巴蜀也是关中之地！"

那么，真正的关中之地被封给谁了呢？被项羽一分为三，封给了章邯等三名秦朝降将。

做了西楚霸王之后，项羽又将义帝赶出楚国的都城——彭城，并将彭城变成自己的都城，然后率领大军风风光光地回去了。

作者说
超有料

相对秦朝的郡县制来说，分封制是一种历史的倒退。项羽分封十八路诸侯，等于是将好不容易统一的中国再次分割成十八个诸侯国。项羽为什么要逆历史潮流呢？因为搞分封制在当时是大势所趋。为什么这么说呢？因为六国反秦本来就是为了复国，项羽分封诸侯其实是为了顺应民意。

dēng tán bài jiàng

登坛拜将

一场高规格的拜将仪式

登坛拜将，出现在我的《史记·淮阴侯列传第三十二》："王素慢无礼，今拜大将如呼小儿耳，此乃信所以去也。王必欲拜之，择良日，斋戒，设坛场，具礼，乃可耳。"

登坛拜将，讲的是刘邦任命韩信为大将军的故事。刘邦本来并不看好韩信，在萧何的劝说下，这才勉强让韩信做了大将军。等韩信做了大将军后，刘邦才猛然发现韩信确实是个不可多得的将才。

西汉 司马迁

释 义	指被任命为将帅或委以重任。
近义词	加官进爵
反义词	时乖命蹇（jiǎn）
例 句	有了皇上所赐一道敕书，一方银印，臣就可以代天子

行事。这是大军出征前最重要的一件事，好像古时候登坛拜将，敕书和银印必须由皇上当着文武百官亲手赐臣，所以请皇上于初八日上午辰时三刻，驾临大政殿上朝。（姚雪垠《李自成》）

就在汉王刘邦率领汉军回封国的时候，项羽手下一个寂寂无闻的小士兵悄悄脱离楚军，混在汉军的队伍中，准备跟随刘邦一起回封国。这个小士兵就是韩信。

韩信为什么要离开项羽去投奔刘邦呢？因为他在项羽手下一直不受重用。尽管他屡屡为项羽出谋划策，但项羽从不采纳。这让他感到自己在这里永远不会有出头之日。

韩信原以为刘邦会重用自己，没想到刘邦同样没有重用自己。尽管丞相萧何再三向刘邦推荐他，刘邦却没拿他当回事。

思来想去，韩信决定离开汉军，另谋出路。

当很多不愿跟随刘邦前往封国的士兵纷纷逃跑的时候，韩信也趁机逃之夭夭。

　　不久，有个士兵急匆匆地闯入刘邦的营帐，并禀报说："大王，不好了，丞相萧何也跑了！"

　　刘邦万万没有想到萧何竟会逃跑，他现在如同失去左右手一般痛心不已。

　　岂料没过几天萧何又跑回来了。

　　刘邦既气愤，又高兴。一见到萧何，他便破口大骂道："你小子为什么要逃跑？"

　　萧何十分委屈地解释说："我没有逃跑，我只是去追逃跑的人了！"

　　"你去追谁了？"

　　"韩信！"

　　"那么多优秀的将领你不去追，偏偏去追韩信，你骗谁呢？"

　　"那些将领容易得到，但像韩信这种将领天底下再也找不到

第二个了。如果大王只想做个诸侯王，自然用不到韩信；如果大王想夺取天下，除了韩信，别人谁都帮不上忙！"

"我才不想一直郁郁寡欢地做个诸侯王呢！"

"既然如此，你就要重用韩信。如果不重用他，他还会逃跑。"

"看在你的面子上，我让他做个将军！"

"让他做将军，他也不会留下！"

"那我就让他做大将军！"

"那太好了！"

正当刘邦打算将韩信任命为大将军的时候，萧何却说："大王一向傲慢无礼，任命大将军如同儿戏，这就是韩信会逃跑的原因。如果大王诚心让他做大将军，就请选择黄道吉日，斋戒沐浴，

设置坛场，举行一场庄严的拜将仪式。"

刘邦很爽快地答应了。

诸将听说汉王要任命大将军，都十分高兴，因为他们都认为自己要做大将军了。

然而，等到汉王正式任命大将军的时候，诸将却发现名不见经传的韩信做了大将军，个个惊诧不已。

几个月后，刘邦便听从韩信的建议从陈仓杀出，大败项羽分封在关中的三名诸侯王，占领了他梦寐以求的关中之地。

作者说 超有料

你有没有听说过"明修栈道，暗度陈仓"这个成语？它说的是当初刘邦在回封国的途中，听从他人建议，将沿途的栈道全部烧毁，以示无意东归与项羽争夺天下。后来，韩信做了大将军，一边派人明修栈道，迷惑敌人，一边暗中从陈仓杀出，打敌人一个措手不及，这才轻松占领关中。事实上，韩信从未"明修栈道"。虽然汉军是从陈仓攻打关中的，但是不是"暗度"陈仓，也不太好说。其实，韩信"明修栈道，暗度陈仓"的故事是小说家们杜撰的。

dà nì bú dào

大逆不道
高举正义的大旗讨伐对手

大逆不道，出现在我的《史记·高祖本纪第八》："今项羽放杀义帝于江南，大逆无道。寡人亲为发丧，诸侯皆缟素。悉发关内兵，收三河士，南浮江、汉以下，愿从诸侯王击楚之杀义帝者。"

西汉 司马迁

大逆不道，讲的是刘邦以项羽杀害义帝为名讨伐项羽的故事。项羽暗杀义帝是非常不明智的，不但给了刘邦讨伐他的借口，还让他大失人心。

释　义	旧指犯上作乱等罪大恶极的行为。后也泛指违背常理，不合正道。
近义词	罪大恶极、倒行逆施
反义词	安分守己、唯命是从
例　句	皇帝的行动如此坚决而且迅速，无疑大出于反张派的

意料之外。皇帝紧接着又降下敕书，内称，参奏张居正的人假借忠孝之名掩盖一个大逆不道的目的，即欺负朕躬年幼，妄图赶走辅弼，使朕躬孤立无援而得遂其私。（黄仁宇《万历十五年》）

有一天，刘邦路过洛阳，被一个老者拦住了。

老者向刘邦哭诉说："大王，义帝被项羽给杀了！"

当时，刘邦正愁找不到收拾项羽的理由，听说义帝被杀，心中大喜。不过，聪明的他却立刻号啕大哭起来。

哭罢，他先为义帝发丧，然后派人告知各国诸侯："义帝

是我们大家共同拥立的，我们都是他的臣子。项羽却先将他驱逐，然后又将他暗杀，实在是大逆不道！我愿跟随你们共同讨伐项羽！"

当时，齐国跟项羽作对，项羽正在收拾齐国。刘邦趁机挟持了五国诸侯，率领五十六万大军，一举攻破项羽的都城彭城。随后，刘邦将项羽的珍宝、美女掳掠一空，然后天天待在彭城饮酒作乐。

当彭城被刘邦攻破的消息传到齐国时，项羽惊呆了，于是立刻亲率三万精锐骑兵杀回彭城。

两军大战，五十六万汉军被三万楚军打得溃不成军，史称"彭城之战"。

其间，楚军斩杀十多万汉军，溺水身亡的汉军也高达十多万人。

紧接着，楚军又将刘邦重重包围。

眼看刘邦就要完蛋，突然狂风大作，飞沙弥漫，楚军顿时大乱。刘邦趁机率领几十名骑兵杀出重围。

刘邦直奔沛县，本想将家人全部接往关中，却只见到女儿和儿子，只好带着一双儿女逃往关中。

一路上，楚军穷追不舍。

为了让马车跑得更快，刘邦竟将女儿和儿子双双推下马车。

车夫连忙停车，将他们抱了上来，不料他们却又被刘邦推下。一连数次都是如此。

车夫实在看不下去了，就劝刘邦说："情况虽然十分危急，但不是还能把车子赶得更快一些吗？怎么能抛弃自己的儿女呢？"刘邦这才停手。

等刘邦脱险后，才得知老婆吕雉（zhì）和爸爸刘太公都被项羽掳走了。

不久，为了逼迫刘邦投降，项羽架起一个砧板，将刘太公绑在上面，然后对刘邦说："你要是再不投降，我就把你爸扔锅里煮了！"

刘邦却说："我们曾经都是楚怀王的臣子，说好彼此以兄弟相称，我爸就是你爸，如果你一定要把你爸煮了，别忘了分给我一碗！"

刘邦的一番话差点把项羽气死。

项羽打算杀掉刘太公以泄心头之恨，项伯却说："争夺天下的人都不会顾及家庭，即便杀了刘太公，对你也没有什么好处，说不定还会带来灾难。"

在项伯的劝说下，项羽便饶了刘太公一命。

作者说
超有料

在彭城之战中，其实项羽是有机会杀掉刘邦的，因为他的部将丁公曾追上刘邦，并且可以杀掉刘邦，但丁公放走了刘邦。丁公为什么要这样做呢？因为他是一个有远见卓识的人。他早已看出刘邦比项羽更有可能夺取天下，并认为刘邦日后一定会感谢他今日的不杀之恩。但可惜的是，他虽然猜对了刘邦会夺取天下，却没猜对自己的结局。刘邦得到天下后，丁公去投奔刘邦，他本以为刘邦会给他加官晋爵，没想到自己却被刘邦让人五花大绑地押到军营。刘邦当着将士们的面说："丁公身为项羽的臣子，却在彭城之战中私自放走敌人，致使项羽失去天下。今天，我要杀了他，以免后人效仿！"随后，刘邦便斩杀了丁公。

yì jué cí xióng

一决雌雄

一场来自战神的挑战

一决雌雄，出现在我的《史记·项羽本纪第七》："项王谓汉王曰：'天下匈匈数岁者，徒以吾两人耳，愿与汉王挑战决雌雄，毋徒苦天下之民父子为也。'"

一决雌雄，讲的是项羽想与刘邦一决胜负的故事。论武力，刘邦远不是项羽的对手；论智谋，项羽又远不是刘邦的对手。所以，刘邦很明智地选择了与项羽斗智。

西汉 司马迁

释 义	指比出胜负，比个高下。
近义词	决一死战、背水一战
反义词	握手言和、冰释前嫌、言归于好
例 句	第二天，重新见到瑞那夫人，他的目光有点儿异样，打量起她来，仿佛是打量一个要与之一决雌雄的怨仇。（司汤达《红与黑》）

　　楚汉争霸期间，虽然刘邦打不过项羽，但项羽也无法消灭刘邦。为了争夺天下，双方战争不断，搞得天下人苦不堪言。

　　有一天，项羽对刘邦说："这些年，天下之所以动荡不安，就是因为你我二人。为了不让老百姓继续受苦，我愿与你一决雌雄！"

　　刘邦却悠悠地回答说："我只想跟你斗智，不想跟你斗力！"

　　项羽见刘邦不肯应战，便派大将向汉军挑战。然而，他派出的三员大将全被一名叫楼烦的神箭手射杀。

　　项羽大怒，亲自披甲上阵。

　　楼烦见又一员大将前来挑战，便张弓搭箭想要将其射杀，没想到此人大喝一声，吓得他目不敢视，箭不敢发，只能仓皇地逃回军营。

　　刘邦派人一打听，原来出来挑战的人竟是项羽，着实大吃一惊。

随后，刘邦走出营帐，与项羽隔着一条山沟相见了。

项羽力大无穷，想跟刘邦单挑，刘邦又岂敢应战？

不过，刘邦口才一流，一口气列举了项羽的十大罪状：

当初我们一同受命于怀王，并约定谁先入关就让谁做关中王。我率先入关，而你却负约，将我分封到鸟不拉屎的巴蜀、汉中，这是你的第一条罪状。

你假传命令，擅自诛杀宋义，自立为上将军，这是你的第二条罪状。

你救援赵国之后，理应回彭城向怀王复命，然而你却擅自挟持各路诸侯前往关中，这是你的第三条罪状。

怀王与我们约定，进入关中，决不烧杀淫掠，然而你却将财物统统占为己有，还火烧皇宫，盗挖陵墓，这是你的第四条罪状。

秦王子婴已经投降，你却将他杀死，这是你的第五条罪状。

章邯等三名秦将率领二十多万秦军投降于你，你虽然分封他们为王，但将二十多万秦军悉数坑杀，这是你的第六条罪状。

你把好的地方分封给自己手下的将领，却把原来的诸侯王都迁往别处，导致臣子们争相背叛旧主，这是你的第七条罪状。

你驱逐义帝，霸占彭城，这是你的第八条罪状。

你派人暗杀义帝，这是第九条罪状。

你身为人臣，弑杀君主，残杀投降的人，分封不公，背弃盟约，为天下人所不容，这是你的第十条罪状。

刘邦仍不解气，继续说："我率领仁义之师，跟随诸侯诛杀逆贼，派囚徒收拾你就足够了，你有什么资格向我挑战呢？"

项羽被刘邦如此羞辱，怒不可遏，便命埋伏在周围的弓弩手射杀刘邦，结果一箭射中了刘邦的胸口。

刘邦十分聪明，担心士兵得知自己受了重伤会影响军心，连忙捂着脚说："这个贼人竟然射中了我的脚！"

随后，他强忍着剧痛，装作若无其事的样子，回到军营。

　　为了稳定军心，同时也为了避免楚军趁机发动进攻，尽管刘邦此刻伤势很重，但他仍然听从张良的建议，强撑着身体乘坐战车在军营中溜达。

　　之后，刘邦立刻被送往成皋救治。好在并未伤及要害，休养一段时间后，刘邦便痊愈了。

作者说 超有料

　　在楚汉争霸期间，刘邦几乎一直处于被动挨打的境地。之所以会这样，是因为项羽擅长打仗。就拿彭城之战来说，项羽用三万大军便打败了刘邦的五十六万大军。如果两人真要一决雌雄，刘邦必败无疑。所以说，刘邦选择智取是十分明智的选择。

功高不赏

功劳太大，可能会有危险

西汉 司马迁

功高不赏，出现在我的《史记·淮阴侯列传第三十二》："且臣闻勇略震主者身危，而功盖天下者不赏。"

功高不赏，讲的是谋士蒯（kuǎi）通劝说韩信与项羽、刘邦三分天下的故事。不过，韩信没有采纳蒯通的建议，不然很可能会出现三足鼎立的局面。

释　义　指功劳太大，已无法奖赏。

近义词　功盖天下

例　句　淝水之战与谢氏家族关系如此密切，以至于谢安在战争胜利后处于功高不赏的地位。由于战后南北矛盾大为缓和，南方内部矛盾有激化的可能性。因此，谢安的功臣地位反而给谢氏家族带来了某种不安。（田余庆《东晋门阀政治》）

就在刘邦跟项羽对峙期间，早已被刘邦封为齐王的韩信率领汉军大杀四方，先后平定魏国，灭掉赵国，降伏燕国，斩杀楚国大将龙且（jū），震惊天下。

直到龙且被杀，一向天不怕地不怕的项羽才开始害怕。

如今，刘邦与项羽谁都消灭不了谁，而韩信则成了他们胜负的关键。倘若韩信支持刘邦，刘邦必胜；倘若韩信支持项羽，项羽必胜。

无奈之下，项羽只好派辩士武涉游说韩信，让他背叛刘邦，与楚国结盟。

武涉一见到韩信，便跟他剖析利弊："汉王反复无常，不可信。你自认为跟他交情深，为他肝脑涂地，但迟早会死在他手里。你之所以还能活到今天，是因为项王还活着。一旦项王被消灭，下一个被消灭的就是你。你为什么不背叛汉王，与项王联合，然后与汉王、项王三分天下呢？"

韩信却说："当初我侍奉项王时，项王对我言不听计不从，所以我才离开项王，投奔汉王。汉王让我做大将军，把自己的衣服脱下来给我穿，把食物分给我吃，对我言听计从，所以我才有今天，我怎么能背叛他呢！"

任凭武涉说得口干舌燥，韩信就是油盐不进。武涉无奈，只好无功而返。

武涉走后，谋士蒯通也想劝韩信与楚、汉三分天下。不过，他知道直接劝说没用，便以看相为由劝说韩信。

他对韩信说："我会看相，你想不想试一试？"

韩信兴奋地回答说："好呀好呀！"

"从面相看，你最多不过封侯，而且还有危险。但从你的背部看，却贵不可言。"

"这话是什么意思？"

"汉王、项王打了这么多年仗，彼此都筋疲力尽，而今他们的命运都掌握在你手中。你完全可以跟他们三分天下，鼎足而立。凭借你的军事才能，又占据强大的齐国，然后迫使燕、赵屈从，制止楚汉纷争，为百姓保全生命，那么天下人就会群起响应。紧接着，你分割大国的地盘，削弱强国的威势，分封给其他诸侯，天下就会俯首听命于齐国，到那时天下诸侯都会来朝拜齐国。"

"汉王对我那么好，我怎么能背叛他呢！"

"你功高震主，并且功劳大到无法奖赏。你投靠楚国，楚人不信任；投靠汉王，汉人震惊。天下之大，哪里容得下你呢？身为人臣，却让君主感到威胁，我真替你感到危险！"

然而，无论蒯通如何劝说，韩信始终不为所动。

蒯通猜到韩信将来不会有什么好下场，担心会祸及自身，便假装疯癫，离开了韩信。

作者说
超有料

功高震主在历朝历代都是大忌，因为一旦大臣的功劳超越了君主，就会让君主感到地位受到了威胁，这是任何一名君主都无法容忍的。所以，君主往往会在大臣没有利用价值之后，想方设法地除掉他们。大汉三分之二的江山都是韩信打下的，他踩一踩脚，大汉就会颤三颤，将来灭掉项羽之后，刘邦又岂会容得下他？这一点，武涉、蒯通都看得十分清楚，可惜韩信不愿相信，这也注定了他的结局将是悲惨的。

pàn ruò hóng gōu

判若鸿沟

两位诸侯王平分天下

判若鸿沟，出现在我的《史记·高祖本纪第八》："项羽恐，乃与汉王约，中分天下，割鸿沟而西者为汉，鸿沟而东者为楚。"

判若鸿沟，讲的是刘邦、项羽平分天下的故事。可惜项羽太过天真，一厢情愿地认为刘邦会跟他平分天下，但他很快就发现，刘邦是一个极其不遵守规则的人。

西汉 司马迁

释 义	形容界限很清楚。
近义词	泾渭分明、大相径庭、黑白分明
反义词	黑白不分、浑然一体
例 句	这时中国青年外感外侮的压迫，内受政治的刺激，失望与烦闷，为了要求光明的出路，各种新思潮，遂受青年热烈的拥护，使文学革命建了伟大的成功。从此

之后，中国文坛新旧的界限，判若鸿沟；但旧文坛势力在社会上有悠久的历史，根深蒂固，一时不易动摇。（鲁迅《伪自由书》）

刘邦曾向项羽求和，并且承诺只要荥阳以西的土地。项羽想答应，却被范增阻止。

范增对项羽说："汉军容易对付，现在不消灭他们，你日后一定会后悔！"项羽因此拒绝了刘邦的请求。

刘邦心里清楚，只要有范增在，项羽就不可能跟他讲和。怎么办呢？刘邦采纳了谋士陈平的建议，离间范增和项羽。

有一次，项羽派使者到汉军大营办事，刘邦特意吩咐招待人员为使者准备了美味佳肴。

招待人员一看是项羽的使者，连忙撤去美味佳肴，换上粗茶淡饭，还故意说："我还以为是亚父的使者呢，原来是项王的使者！"

使者气呼呼地回到军营，然后将这件事添油加醋地汇报给了项羽。项羽于是怀疑范增与刘邦私下有不可告人的秘密。

范增是何等聪明，又岂会看不出项羽猜忌他？所以，他十分生气地对项羽说："如今，天下的大事基本上已经确定了，大王好自为之。我老了，不能再侍奉大王了，请大王准许我告老还乡！"

项羽一向**刚愎自用**，自认为没有范增同样可以一统天下，便答应了范增的请求。

然而，范增还没有到达彭城便病死在途中。

范增死后，当刘邦再次向项羽求和时，项羽稀里糊涂地答应了。

双方达成一致意见：平分天下。以一条名叫鸿沟的古运河为界，鸿沟以东的土地归楚，鸿沟以西的土地归汉。

此外，项羽还释放了刘邦的老婆和爸爸。

签订完条约之后，项羽便带着大部队返回江东。

汉王也打算西走，可张良、陈平劝刘邦说："我们已经占领大半个天下，而且诸侯也都归附了我们。如今，楚军已经兵疲粮

尽，这是上天想要灭亡楚国啊，不如趁机消灭它。现在放走项王，等于养虎遗患！"

于是，毫无原则的刘邦立刻撕毁刚刚签订的条约，继续追击项羽。然而让他郁闷的是，他依然打不过项羽。

超有料 作者说

你下过象棋吗？如果你下过象棋，就肯定知道棋盘上有一条河界，名叫"楚河汉界"。其实，"楚河汉界"就是楚汉平分天下的界限——鸿沟。

四面楚歌

sì   miàn chǔ gē

一代霸主被迫自杀

四面楚歌，出现在我的《史记·项羽本纪第七》："项王军壁垓（gāi）下，兵少食尽，汉军及诸侯兵围之数重。夜闻汉军四面皆楚歌，项王乃大惊，曰：'汉皆已得楚乎？是何楚人之多也！'"

四面楚歌，讲的是项羽在垓下被包围的故事。项羽二十四岁起兵，三十一岁自刎，其间打过无数次仗，几乎百战百胜，没想到唯一的一次战败却让他身死国灭。

西汉 司马迁

释　义	形容四面受敌，孤立无援的处境。
近义词	腹背受敌、走投无路
反义词	安然无恙、金蝉脱壳
例　句	复辟的酝酿，早发生在洪宪帝制失败，袁世凯的北洋系陷于四面楚歌的时候。（爱新觉罗·溥仪《我的前半生》）

　　刘邦心里清楚，仅凭自己是无法消灭项羽的，于是他约韩信、彭越一起攻打项羽。

　　韩信、彭越虽然满口答应，却始终不见踪影，把刘邦的鼻子都给气歪了。

　　刘邦束手无策，只好向张良问计："韩信、彭越不遵守约定，怎么办呢？"

　　张良说："项羽即将灭亡，但他们还没有得到封地，自然不会遵守约定。只要大王承诺与他们共分天下，他们就会屁颠屁颠地赶来。如果不这样做，未来的局势恐怕难以预料！"

　　刘邦立刻派人告诉韩信、彭越："只要你们按照约定与我一同攻打楚国，灭掉楚国后，陈县以东到大海的土地全部归韩信，睢（suī）阳以北到谷城的土地全部归彭越。"

　　二人得到承诺后，果然立刻率军赶来，与刘邦的军队一起将项羽围困在垓下。

　　一天夜里，四周的汉军纷纷唱起楚歌。

项羽听到后，不无悲伤地说："汉军难道已经占领了楚国吗？为什么汉军中有那么多楚人呢？"

随后，项羽拿起酒，借酒浇愁。当时，他的乌骓马和爱妾虞姬也陪伴在他身边。

他没有想到自己竟然会沦落到这种地步，不禁感慨万千地吟唱道：

力拔山兮气盖世，
时不利兮骓不逝。
骓不逝兮可奈何，
虞兮虞兮奈若何！

据说，虞姬为项羽跳了一支舞后便拔剑自刎。这就是霸王别姬的故事。

当天夜里，项羽杀出重围，向南窜逃。

天亮时，刘邦才察觉，便立刻派兵前去追击。

当项羽到达乌江时，乌江亭长早已为他备好渡江的船只。

乌江亭长对项羽说："江东虽小，却也有上千里的土地，数十万民众，足够让大王称王！希望大王赶快渡江，即便汉军追来，他们也无法渡河。"

项羽却仰天大笑道："上天想要亡我，我为什么还要渡江呢？当初，我与八千江东子弟渡江灭秦，然而今天他们却无一生还。纵使江东父老怜悯我，让我称王，我又有什么面目去见他们呢？即便他们什么都不说，难道我不会感觉愧疚吗？"

说罢，项羽便拔剑自刎了。

项羽死后，刘邦称帝，并建立大汉王朝，史称"西汉"。刘邦就是汉高祖。

作者说
超有料

项羽明明可以逃回江东，为什么却偏偏选择自杀呢？主要有两个原因：一、项羽很迷信，把自己的战败归咎于上天想要让他灭亡。作为一个注定要灭亡的人，他感觉苟且偷生毫无意义。二、他感觉没脸见江东父老。

如果项羽不自杀，他能否东山再起呢？其实，当时项羽大势已去，他在势力最强大的时候尚且不能打败刘邦，在大势已去的情况下又岂能打败刘邦呢？所以，项羽东山再起的可能性微乎其微。

不过，项羽毕竟战无不胜，江东又是他的根据地，如果他不自杀，称霸江东也不是问题。

duō duō yì shàn

多多益善

一位将才应学会谦虚

多多益善，出现在我的《史记·淮阴侯列传第三十二》："上问曰：'如我能将几何？'信曰：'陛下不过能将十万。'上曰：'于君何如？'曰：'臣多多而益善耳。'"

西汉 司马迁

多多益善，讲的是刘邦与韩信探讨各自能统领多少士兵的故事。在带兵方面韩信能甩刘邦八条街，但可惜的是，他的政治智商远不及刘邦，所以最终还是被刘邦一伙玩死。

释 义	原指带兵越多越能成事，即打胜仗。后泛指越多越好。
反义词	宁缺毋滥
例 句	在老百姓看来，既然开国者罗穆路斯能够成神，那么恺撒作为罗马盛世之主，被封神也是理所当然的事情。毕竟在罗马，神作为守护众生的无上力量，自是多多益善。（盐野七生《罗马人的故事》）

项羽被消灭后，齐王韩信成了刘邦心目中的头号敌人。

刘邦担心韩信将来会威胁到大汉的江山，立刻夺了韩信的兵权，并将他改封为楚王。

尽管如此，刘邦依然对韩信不放心。当有人向他举报韩信打算谋反的时候，他立刻叫陈平来商量对策。

陈平替刘邦出了个妙计："陛下假装到云梦泽游玩，韩信必定亲自前去觐见。到那时，只需要派一个大力士就可以将韩信擒获。"

刘邦依计行事，韩信果然上当，被刘邦轻松擒获。

平白无故被抓，韩信彻底蒙了。他向刘邦抱怨道："人们都说，兔死狗烹，鸟尽弓藏，敌国被消灭后，谋臣就会被杀。如今天下

已经太平，我本来就该被杀啊！"

刘邦沉吟半晌，冷冷地说："有人举报你谋反！"然后让人给韩信戴上刑具，将韩信押到洛阳。

到了洛阳，经过一番详查，却发现韩信是冤枉的。尽管如此，刘邦依然将韩信从楚王贬为淮阴侯。

有一天，刘邦跟韩信聊天，刘邦问他："你看我能统领多少士兵？"

韩信说："陛下能统领十万士兵就不错了！"

"那你呢？"

"多多益善。"

刘邦冷嘲热讽道："那你为什么还会被我俘虏呢？"

韩信拱了拱手，说："陛下虽然不擅长统领士兵，却擅长统领将领，所以我才会被陛下俘虏！"

刘邦听罢，不禁喜笑颜开。

后来，刘邦率军在前线讨伐叛军，又有人向皇后吕雉举报韩信谋反。

吕雉与丞相萧何一致赞同杀掉韩信，以绝后患。

为了将韩信骗入宫中，萧何欺骗韩信说："陛下已经成功平定叛乱，群臣都在宫中庆贺。咱们现在就进宫，跟他们一起庆祝！"

韩信担心有诈，便说："我有病，去不了！"

"即便有病也得去！少了你怎么能行呢！"

韩信见无法推辞，只好跟随萧何一同进宫。然而他一踏进皇宫，就被吕后捆绑起来，然后杀掉了。

临终前，韩信悲伤地说："我真后悔当初没有听从蒯通的计谋啊，不然又岂会死在一个女人手里！"

刘邦听说韩信被杀，是什么反应呢？既高兴，又惋惜。他高兴的是，终于除掉一个大患；惋惜的是，一个帮助他打下大半个天下的名将就这么被杀了。

事实上，被杀的异姓诸侯王不止韩信一人，刘邦为巩固大汉江山几乎杀光了异姓诸侯王。

尽管如此，刘邦仍然不放心，还大封刘氏子弟为王，并与大

臣杀白马盟誓，说："不是刘氏子弟不得称王，没有战功不得封侯。如果谁违背盟约，天下人就联合起来消灭他！"这就是著名的"白马之盟"。

作者说 超有料

　　还记得当初不受重用的韩信是怎么成为大将军的吗？没错，是萧何将他追回并在刘邦面前极力推荐，他才受到重用的。后来，韩信被杀，跟萧何骗他入宫也脱不了干系。于是，便有了"成也萧何，败也萧何"这个成语。

bēi cí hòu lǐ

卑辞厚礼

一个妙计帮助太子保住位子

卑辞厚礼，出现在我的《史记·留侯世家第二十五》："于是吕后令吕释之使人奉太子书，卑辞厚礼，迎此四人。"

卑辞厚礼，讲的是留侯张良帮皇后吕雉设法保住儿子的太子之位的故事。张良知道，劝说是无法让刘邦改变主意的，便让吕后使出"商山四皓（hào）"这个撒手锏。

西汉 司马迁

释 义	谦恭的言辞，丰厚的礼物。
近义词	谦恭下士
反义词	出言不逊
例 句	在这生死存亡的关头，范蠡提出了暂时屈辱求全的策略，主张用卑辞厚礼向吴求和，如不答应，就由越王亲自到吴国做人质。吴王不听伍子胥的劝告，休战撤兵，并允许越王到吴国做人质。（李宗吾《厚黑学》）

西汉初年，有一件让刘邦大为头痛的事，那就是他想换太子却遭大臣极力反对。

太子刘盈是皇后吕雉的儿子。刘盈生性懦弱，所以刘邦很不喜欢他。

在后宫中，刘邦最宠幸的是戚夫人，再加上戚夫人的儿子赵王刘如意性格很像刘邦，所以刘邦想改立刘如意为太子。

吕雉虽然害怕儿子被废，却不知道该怎么办。

有人提醒她说："张良擅长出谋划策，陛下又十分信任他，你为什么不去找他帮忙呢？"

吕雉喜出望外，连忙派哥哥去找张良帮忙。

张良对吕雉的哥哥说："在商山，有四位博古通今的大隐士，人称'商山四皓'。陛下一直想请他们出山做官，却怎么请都请不来。如果你能不吝惜钱财，再让太子写一封言辞谦卑的信，派一

位能说会道的辩士邀请他们辅佐太子，他们或许会来。有他们相助，就不用担心太子被废了。"

吕后连忙派人携带着太子的书信，带着丰厚的礼品，用谦卑的言辞，邀请商山四皓出山辅佐太子，果然将他们请来了。

有一天，刘邦大宴群臣，太子在一旁侍奉。

刘邦惊奇地发现太子身后站着四位白发苍苍的老者，便问太子："他们几个是什么人？"

不等太子回答，商山四皓纷纷站出来，自报姓名。

"在下东园公！"

"在下角里先生！"

"在下绮里季！"

"在下夏黄公！"

听罢，刘邦被惊得目瞪口呆。待回过神来，他惊讶地问四人："我寻访你们多年，你们总是避而不见，怎么今天却为我儿子效

力呢？"

四人直言不讳地回答说："陛下傲慢无礼，动不动就骂人，我们不愿受辱，所以才躲了起来。我们听说太子仁慈孝顺，礼贤下士，人人都愿拼死效力，所以我们就来了。"

刘邦尴尬地笑了笑，说："那就烦劳诸位今后好好辅佐太子了！"

随后，四人向刘邦敬酒，然后小步离开。

刘邦看着四人离去的背影，悲伤地对戚夫人说："我一心想换掉太子，没想到太子却得到他们四人的辅佐。如今看来，太子羽翼已经丰满，难以撼动了，今后吕雉恐怕要压你一头了！"

从此以后，刘邦再也不提更换太子的事了。

作者说

超有料

晚年，刘邦最大的心愿就是立刘如意为太子，为什么见了商山四皓之后却突然改变了主意呢？仅仅是因为商山四皓是他崇敬的人吗？事实上，远不止如此，更重要的是商山四皓还代表着民意。他们愿意出山辅佐刘盈，说明天下人都支持刘盈将来继承皇位。即便他再想立刘如意为太子，也不能跟天下人作对。

qǐ jū yǐn shí

起居饮食

一次残忍的报复行为

起居饮食，出现在我的《史记·吕太后本纪第九》："孝惠帝慈仁，知太后怒，自迎赵王霸上，与入宫，自挟与赵王起居饮食。太后欲杀之，不得间。"

起居饮食，讲的是刘盈为了保护赵王刘如意与他同吃同住的故事。尽管刘盈处处小心，可惜百密一疏，最终还是未能保住刘如意。

西汉 司马迁

释　义	活动休息，喝水吃饭。泛指人的日常生活。
近义词	衣食住行
例　句	大爷对于起居饮食，是极会讲究的。你瞧，这屋里除了电灯，都是古色古香，而且电灯还用五彩纱罩着，也看不出是舶来品了。（张恨水《金粉世家》）

刘邦驾崩后，太子刘盈即位，史称汉惠帝。吕雉顺理成章地成了太后，她就是历史上大名鼎鼎的吕后。

驾崩前，刘邦担心吕后将来会报复赵王刘如意，便派大臣周昌去刘如意的封地赵国辅佐刘如意。

刘邦为什么偏偏选择让周昌去辅佐刘如意呢？一方面是因为周昌为人正直，天不怕地不怕，甚至敢当着刘邦的面骂刘邦是桀纣之君。另一方面是因为周昌对吕后母子有恩。当初刘邦想废掉刘盈，周昌冒死跟刘邦极力争辩。吕后曾跪在周昌面前，并感激地对周昌说："要不是你据理力争，太子就要被废掉了！"

刘邦死后，吕后果然开始报复刘如意母子。她先将戚夫人囚禁起来，然后又派人召刘如意进京。

吕后一连派了好几批使者去召刘如意，却被周昌一一回绝。

吕后只好先将周昌召到京城，然后才成功将刘如意召来。

刘盈知道妈妈想要杀害刘如意，便亲自去城外迎接刘如意。回宫后，他还跟刘如意一起休息，一起吃饭。

吕后一直想杀掉刘如意，却总是找不到机会。

有一天，刘盈早早起床去打猎，刘如意喜欢睡懒觉，便没有一同前往。

吕后得到消息，立刻派人给刘如意送了一壶毒酒。

等到刘盈回来时，刘如意已经死了。

随后，吕后又疯狂地折磨戚夫人。这还不过瘾，吕后还不无得意地带儿子去参观。

让吕后意想不到的是，刘盈见到戚夫人的惨状，不禁放声痛哭，没过多久就病倒了。

随后，刘盈派人对吕后说："这简直不是人干的事！我作为您的儿子，太失望了！"

从此以后，刘盈开始饮酒作乐，不理朝政，身体变得越来越差。没过几年，刘盈便去世了。

吕后只好立年仅几岁的孙子为皇帝。由于皇帝太小，无法处理国政，吕后便临朝称制，如女皇帝一般，国家大事都是她一个人说了算。

作者说

超有料

尽管赵王刘如意曾经差点抢走刘盈的皇位，但刘盈并没有因此而记恨他，相反刘盈还处处保护他，可见刘盈是一位十分仁慈的皇帝。他本来可以做一位勤政爱民的好皇帝，可惜他有一个心狠手辣的妈妈，让他对做皇帝失去了兴趣，以致一无所成。

miàn zhé tíng zhēng

面折廷争

为谋全局而说违心话

西汉 司马迁

面折廷争，出现在我的《史记·吕太后本纪第九》："于今面折廷争，臣不如君；夫全社稷，定刘氏之后，君亦不如臣。"

面折廷争，讲的是右丞相王陵与左丞相陈平、绛（jiàng）侯周勃对于是否应该背弃白马之盟之争的故事。陈平、周勃虽然背弃了白马之盟，却也因此保全了刘氏江山，还是值得称道的。

释 义	指在朝廷上直言进谏，据理力争。
近义词	正言直谏
反义词	噤若寒蝉
例 句	自天京内讧后，朝政紊乱，军事亦散漫，全赖秀成一人支柱，面折廷争，有古大臣风度。（吕思勉《中国近代史》）

吕后独揽大权后，便想分封吕氏子弟为王。

众所周知，刘邦曾与大臣杀白马盟誓，约定非刘氏子弟不能称王。吕后担心大臣反对，便询问右丞相王陵。

王陵明确表示反对："分封吕氏子弟为王，违背盟约，我不赞同！"

吕后很不高兴，然后又问左丞相陈平、绛侯周勃。二人说："当初先帝平定天下，可以分封刘氏子弟为王，如今太后临朝称制，当然也能分封吕氏子弟为王。"

吕后见二人支持自己，便喜上眉梢。

退朝后，王陵十分生气地责备陈平、周勃说："当初与先帝歃血盟誓，你们难道不在场吗？现在先帝驾崩了，你们却背弃盟约，对太后阿谀奉承，等你们死后有什么面目到九泉之下去见先帝呢？"

陈平、周勃笑了笑，说："在朝堂上直言进谏，据理力争，我们不如你。但要说保全国家，安定刘氏江山，你却不如我们！"

王陵无言以对。

不久，吕后罢免了王陵的右丞相之职，让陈平代替他做了右丞相。

很快，吕后如愿以偿地将吕氏子弟一一封王。

几年后，吕后病重，将守卫皇宫和京城的军权全部交给吕氏子弟，然后交代他们说："当年先帝与大臣约定，不是刘氏子弟不能称王。如今吕氏子弟称王，大臣们愤愤不平。我马上就要死了，皇帝还小，恐怕大臣会发动叛乱。你们一定要掌控军队，保卫皇宫。千万别给我送葬，更要提防被别人控制。"

没过多久，吕后便去世了。

吕后一去世，吕氏子弟便想犯上作乱。陈平与周勃立刻联合大臣杀光了吕氏子弟。

大臣们担心吕后立的小皇帝长大后会找他们的麻烦，便将小皇帝杀了，然后拥立刘邦的第四个儿子代王为皇帝，史称"汉文帝"。

值得一提的是，汉文帝与儿子汉景帝都是明君，父子俩减轻赋税和徭役，废除严刑峻法，注重农业发展，开创了繁荣昌盛的"文景之治"。

作者说 超有料

当初，当吕后询问陈平、周勃是否能够分封吕氏子弟为王时，如果陈平、周勃像王陵一样站出来表示反对，你认为他们会有什么下场呢？没错，他们肯定会跟王陵一样被罢官。然后，吕后再找一些听话的大臣接替他们的位置，依然能够达到分封吕氏子弟为王的目的。好在陈平、周勃心里清楚，与吕后正面对抗是没有意义的，所以才暂时违心地站在吕后那一边。后来的事也恰恰证明了他们的做法是对的。

<ruby>金<rt>jīn</rt></ruby> <ruby>屋<rt>wū</rt></ruby> <ruby>藏<rt>cáng</rt></ruby> <ruby>娇<rt>jiāo</rt></ruby>

一场政治联姻的利益交换

东汉 班固

金屋藏娇，出现在我的《汉武故事》[1]："数岁，长公主嫖抱置膝上，问曰：'儿欲得妇不？'胶东王曰：'欲得妇。'长公主指左右长御百余人，皆云不用。末指其女问曰：'阿娇好不？'于是乃笑对曰：'好！若得阿娇作妇，当作金屋贮之也。'"

金屋藏娇，讲的是汉武帝年幼时喜欢姑母刘嫖的女儿阿娇并想为她建造一座金屋的故事。从这个故事中，我们也可以看出汉武帝打小就讨刘嫖喜欢。这也是刘嫖会帮助汉武帝夺取太子之位的原因。

[1]《汉武故事》：其作者说法不一，本书采用班固说。

释 义　泛指对妻妾特别宠爱。也指男人有外宠或纳妾。

例 句　上世纪中叶，巴黎高等法院一位戴法官帽的院长为了金
屋藏娇（在那个时代，大贵族到处炫耀自己的情妇，但
有产者却把情妇藏起来），在圣日耳曼城郊荒僻的布洛
梅街（如今叫普吕梅街），在从前叫"斗兽场"的地方
附近，修建了一座"小楼"。（雨果《悲惨世界》）

汉景帝的姐姐，也就是长公主刘嫖，有个女儿叫陈阿娇。刘嫖想把她嫁给太子做太子妃，以便将来能做皇后。

当刘嫖为女儿向太子的妈妈栗（lì）姬求亲时，没想到却遭到拒绝。

栗姬为什么要拒绝刘嫖呢？因为刘嫖曾向汉景帝进献几位美人，这些美人受到的宠爱远远超过了栗姬。栗姬是一个嫉妒心极强的女人，所以十分憎恨刘嫖，也因此不想跟她结亲。

刘嫖又转而去向胶东王刘彻的妈妈王夫人求亲，王夫人当即便答应了。

据说，在刘彻只有几岁的时候，刘嫖曾将他抱在腿上，并问他："你想不想娶媳妇呀？"

刘彻天真无邪地回答说："想呀！"

刘嫖指着身旁的上百名婢女说："你想娶哪个呀？"

"这些我都不想娶！"

刘嫖指着自己的女儿，问刘彻："我把阿娇嫁给你好不好？"

"好呀好呀！我要是能娶到阿娇，就为她建造一座金屋让她居住。"

听罢，刘嫖笑得前仰后合。

刘嫖为了帮刘彻夺取太子之位，一有机会便在汉景帝面前说栗姬的坏话："陛下，栗姬跟妃子们聚会的时候，常常派人在她们背后吐口水，诅咒她们。"汉景帝从此开始憎恨栗姬。

有一次，汉景帝生病了，便打算将已经封王的几个儿子托付给栗姬，希望栗姬在自己去世后能好好照顾他们。岂料栗姬不但不答应，而且出言不逊，搞得汉景帝更加憎恨她。

王夫人趁汉景帝余怒未消的时候，暗中派人怂恿一名大臣对汉景帝说："俗话说，子以母贵，母以子贵。如今太子的妈妈还没有封号，恳请陛下立她为皇后！"

汉景帝顿时勃然大怒，并呵斥他："这是你应该管的事吗？"

随后，汉景帝不但杀了这名大臣，还废掉了太子。

太子被废，栗姬愤愤不平，很快便因为忧伤过度而去世了。

不久，王夫人被立为皇后，刘彻被立为太子。

汉景帝驾崩后，刘彻顺利继承了皇位。他就是中国历史上赫赫有名的汉武帝。

刘彻即位后，陈阿娇也顺利做了皇后。

　　有人可能会好奇，陈阿娇嫁给汉武帝后，过得幸福不幸福呢？一开始陈阿娇十分受宠，自然是幸福的。不过，她却恃宠而骄，再加上她没有为汉武帝生下一儿半女，所以渐渐失宠。陈阿娇也见不得其他妃子受宠，所以就用巫蛊之术诅咒受宠的妃子。汉武帝知道后，很生气，就废掉了她的皇后之位。

xiāng jiàn hèn wǎn

相见恨晚

一次求贤若渴的君臣相遇

相见恨晚，出现在我的《史记·平津侯主父列传第五十二》："天子召见三人，谓曰：'公等皆安在？何相见之晚也！'"

相见恨晚，讲的是汉武帝为没有及早地遇到主父偃（yǎn）等三位有才之士而感到惋惜的故事。从这个故事中也可以看出，汉武帝求贤若渴，慧眼识珠。

西汉 司马迁

释　义	指遗憾没有及早相见。形容一见如故，情意相投。
近义词	恨相知晚、一见如故
反义词	白头如新、视如寇仇
例　句	我同狄德罗谈起了孔迪亚克及其著作。介绍他俩认识了。他俩生就气味相投，所以相见恨晚。（卢梭《忏悔录》）

汉武帝时期，齐地有一个叫主父偃的人，特别喜欢纵横家的学说。

不知道什么原因，齐地的读书人都不喜欢他，还联合起来排挤他。

在齐地待不下去了，主父偃只好跑到其他诸侯国讨生活，可惜依然没有人赏识他。

无奈之下，他只好前往大汉王朝的都城长安。然而到了长安，他依然不招人待见。

在长安住了很长一段时间，眼看口袋里的钱就要花光了，他决定赌一把，直接向汉武帝上书，希望能得到重用。没想到他早晨上书，晚上就被汉武帝召见。

与主父偃一同被召见的还有两个人。汉武帝一见到他们，便遗憾地对他们说："你们以前都在哪里啊？为什么现在才让我见到你们呢？"随后，汉武帝还给他们封了官。

在这三人中，主父偃最受器重，并且在一年之中连续四次受到提拔。

为了让汉武帝更加器重自己，主父偃帮助汉武帝解决了困扰他爸汉景帝和他多年的问题，就是诸侯王势力强大到威胁中央政权。

汉景帝、汉武帝父子之所以会有这一困扰，都怪汉高祖刘邦。刘邦刚建立汉朝时，认为秦朝之所以会短命，是因为没有分封宗室子弟为诸侯王，也就没有人有能力保护他家的江山，便分封刘氏子弟为诸侯王。后来，这些诸侯王的势力逐渐强大，有些甚至强大到可以跟中央对抗。

汉景帝为了巩固中央政权，曾下令削夺诸侯王的封地，结果逼反了吴、楚等七个诸侯国。后来，虽然平定了叛乱，也加强了中央统治，却没有彻底解决问题。

为了帮助汉武帝彻底解决诸侯王的问题，主父偃向他提出"推恩"的建议。

所谓"推恩"，就是将原本应该全部由诸侯王的嫡长子继承的封地，分出一部分让诸侯王的其他儿子建立侯国。如此一来，

侯国越来越多，诸侯王的封地和势力变得越来越小，就无法对中央政权构成威胁。

实行推恩令后，汉武帝又不断找碴，将那些诸侯削爵、夺地，甚至除国。从此以后，诸侯国一蹶不振，中央对地方的控制得到了极大加强。

此外，汉武帝还从政治、思想、经济等方面巩固了大一统的局面。比如，在思想方面，他采纳董仲舒的建议，"罢黜百家，独尊儒术"，使儒家学说成为大汉王朝的正统思想，也成了大一统政权的精神支柱。

作者说
超有料

与汉景帝强行削夺诸侯王的封地的方法相比，主父偃提出的推恩令可以说是非常高明的。为什么这么说呢？因为强行削夺诸侯王的封地无异于虎口夺食，而推恩令却像温水煮青蛙一样，通过诸侯王的其他儿子一步步分割诸侯国，以达到削弱诸侯王的目的。这种方式更温和，更不容易激起诸侯王造反。

duì bù gōng táng

对簿公堂

一次简单的审问却害死一位将军

西汉 司马迁

对簿公堂，出现在我的《史记·李将军列传第四十九》："大将军使长史急责广之幕府对簿。"

对簿公堂，讲的是"飞将军"李广因为行军途中迷路遭长史审问的故事。这本来是一件小事，不过在李广看来却是一件天大的事，因为迷路让他错失了一次攻打匈奴单（chán）于的大好时机，也使得他因此而自杀。

释　义	指原告和被告在法庭上对质。也泛指打官司。
近义词	反目成仇、势不两立、势同水火
反义词	握手言和、冰释前嫌、言归于好
例　句	马里尤斯匆忙搬家，有两个理由。首先，他现在对这幢房子深恶痛绝，因为他如此近地看到了最可恶、最凶残一幕的全过程，他感到坏的穷人比坏的富人更是

一种可怕的社会丑恶。其次，接下来很可能有一场诉讼案，他不想被牵扯进去，与泰纳迪埃对簿公堂。（雨果《悲惨世界》）

在汉武帝的统治下，大汉王朝空前强大。在这种情况下，汉武帝做了一个决定：攻打匈奴。

为什么要攻打匈奴呢？因为从汉朝建立以来，匈奴几乎没有停止过侵扰中原。

匈奴这么猖狂，难道大汉之前就一直忍气吞声吗？当然不是。汉高祖曾率领三十多万大军攻打匈奴，结果被围困在白登山七天七夜，后来采纳陈平的计策才得以脱险。汉高祖心里清楚，以大汉当时的国力根本无法击败匈奴，为了避免匈奴继续侵扰大汉，只好跟匈奴和亲，将宗族之女嫁给匈奴单于。

虽然和亲政策为大汉带来一些和平，但匈奴仍旧时不时侵扰大汉。文治武功都十分了得的汉武帝哪里受得了这种窝囊气，所以三番五次派"飞将军"李广、大将军卫青、骠骑将军霍去病等人带兵攻打匈奴。

　　有一年，汉武帝派卫青、霍去病大举进攻匈奴，李广恳求一同前往。

　　当时，李广已经六十多岁了，汉武帝见他年龄大了，所以没有答应。但经不住李广一而再，再而三地恳求，汉武帝只好答应。

　　不久，卫青探得匈奴单于的藏身之地，准备亲率精锐骑兵直奔过去，命李广从东路进攻。

　　从东路进攻，需要绕很远的路程。李广想直接与匈奴单于作

战，便向卫青请求道："我是前将军，大将军怎么能让我从东路进攻呢？况且我年轻时便与匈奴作战，直到今天才有机会碰到匈奴单于，我愿做前锋，与匈奴单于决一死战！"

事实上，早在出征前，汉武帝就嘱咐卫青，李广年龄大了，命运也不好，不要让他跟匈奴单于直接作战，所以卫青并没有答应李广的请求。

李广很生气，便不辞而别，然后带着军队去东路了。然而由于没有向导，结果半道上迷路了。等李广见到卫青时，仗已经打完了，匈奴单于也跑了。

回到军营，卫青派长史向李广询问迷路的情况，并打算将它与此次作战的详情一并上报给汉武帝。

　　李广心中有怨气，一言不发。长史便**声色俱厉**地责备李广的部下，让他们前往大将军那里接受审问，核对事实。

　　李广拦住长史，并说："我的部下没有过错，军队迷路是我的责任，我亲自去报告。"

　　李广悲痛地对部下说："我一生与匈奴打过大大小小七十多次仗，如今有幸跟随大将军出征并碰到匈奴单于，大将军却让我从偏远的东路进攻，而我又偏偏迷了路，这难道不是天意吗？我已经是六十多岁的人了，无论如何也不能忍受与那些刀笔之吏对质争辩！"说罢，便拔剑自杀了。

　　当将士们和老百姓听说李广自杀的消息时，无不惋惜落泪。

李广一生有两大遗憾，除了不能与匈奴单于直接作战之外，还有一生不得封侯。李广一生与匈奴打了七十多场仗，他的手下有被封侯的，而李广却偏偏没有被封侯，所以这也成了李广心中的一个痛。几百年后，就连唐代大诗人王勃也感叹"李广难封"。

pò bù dé yǐ

迫不得已

一个演技精湛的伪君子

迫不得已，出现在我的《汉书·王莽（mǎng）传上》："将为皇帝定立妃后，有司上名，公女为首，公深辞让，迫不得已然后受诏。"

迫不得已，讲的是王莽假意推托不让女儿做皇后的故事。在中国历史上，像王莽这种擅长伪装并且能够骗过文武百官和全天下老百姓的伪君子世间少有，也恰恰是他的伪装助他成功篡夺大汉的江山。

东汉 班固

释 义	指被逼迫得不能不如此。
近义词	无可奈何、万不得已、逼上梁山
反义词	心甘情愿、何乐不为、自觉自愿
例 句	这么一想后，赵诗人能不上街就不上街了，有时迫不得已必须上街的话，赵诗人走路时也像个侦察兵那样

探头探脑，眼观六路耳听八方，一旦发现有李光头的
敌情，立刻窜进一条小巷躲藏起来。（余华《兄弟》）

西汉末年，皇权衰落，国家大权几乎都落入外戚王氏集团
手中。

在王氏集团中，有一个叫王莽的人，他的姑母是太后，伯父、
叔叔不是将军就是列侯。由于他爸死得早，所以没有封侯，这也
导致王莽跟堂兄弟之间生活水平悬殊。堂兄弟个个过着养尊处优
的生活，而他却穷困潦倒。

　　在亲戚眼中，王莽既是一个勤奋好学的人，也是一个助人为乐的人。

　　那么，王莽都干过哪些助人为乐的事呢？比如照顾寡嫂，抚养侄子，替生病的伯父尝药。

　　在照顾伯父期间，他甚至一连几个月都没有脱衣服睡觉。伯父十分感动，在弥留之际还将他托付给了太后和皇帝。他也因此开始受到重用。

　　后来，王莽的好名声越传越广，王莽也因此不断受到提拔。而且，官职越高，王莽就越谦虚。他还时常将财物施舍给宾客，接纳名士，结交达官显贵，所以很多人都称赞他。他的名声很快传遍朝野，甚至超过了他那些封侯的叔叔、伯父。

　　你是不是也以为王莽是一个君子？其实，大家都被他骗了，他是一个不折不扣的伪君子，他的那些善举都是刻意做出来的。

他为了博得更好的名声，便更加严格地要求自己，甚至严格地要求家人。他虽然位高权重，却假装勤俭节约，让老婆穿得如同奴仆一般。有个儿子杀了一个婢女，他毫不犹豫地逼儿子自杀。

王莽的好名声为他捞取了很多政治资本。当九岁的汉平帝即位时，太后临朝称制，而国家大事全交给王莽处理。

这时，王莽的政治野心开始暴露。依附他的人，他一律提拔；反对他的人，他一律除掉。所以，朝堂上几乎都是他的人。他想干什么，只需要一个眼神或者一个表情，党羽就能心领神会，然后按照他的意图行事。太后也因此受他蒙蔽。

有一年，王莽为巩固权力，想让女儿做皇后。于是，他的党羽纷纷请求太后立他的女儿为皇后，太后只好答应。王莽却一再假意推托，迫不得已才接受诏令。

后来，汉平帝英年早逝，王莽为独揽大权，故意立年仅两岁的刘婴为太子，而自己却做了"假皇帝"，也就是代理皇帝。

没过几年，王莽便废掉太子，自立为皇帝，并建立新朝，定都长安。西汉从此灭亡。

作者说 超有料

俗话说，大奸似忠，王莽就是这样的人。由于他是外戚，有太后、皇帝、叔伯提携，再加上他靠伪装博取的名声，他在官场平步青云。当他位高权重的时候，他依然在伪装，并且成功骗过了天下人，所以他才能轻松地篡夺皇位。

lù lín hǎo hàn
绿林好汉
一支推翻暴政的农民起义军

绿林好汉，出现在我的《汉书·王莽传下》："是时，南郡张霸、江夏羊牧、王匡等起云杜绿林，号曰下江兵。众皆万余人。"

西汉末年，有一支农民起义军以绿林山为根据地，所以被称为"绿林军"。后来，绿林军推翻了王莽的黑暗统治，所以人们便用"绿林好汉"来称呼那些聚集山林反抗统治者的武装集团。

东汉 班固

释 义 指聚集山林反抗统治者的武装集团。也指江湖强盗。
例 句 母亲离家出走的事实也让我有了更多的想象空间。我想象她和一帮劫富济贫的绿林好汉一同住在路边客栈；或许她和一些好心肠的强盗住在山洞里，为他们做饭、看管金银财宝；再不然，她就是和延加雷切娃郡主那样，随同圣母周游天下，圣母也会像对郡主那样对母亲说："贪婪的人啊，这世上的金银，岂是你能够敛集完的。贪心的人啊，这世上的任何财宝，都遮不住你赤裸裸的灵魂……"（高尔基《童年》）

王莽称帝前，国家政治腐败，赋税沉重，很多老百姓沦为奴婢或者强盗，社会动荡不安。王莽称帝后，为缓解社会矛盾，大刀阔斧地进行了一系列改革。

很可惜，王莽的改革不但没有缓解社会矛盾，反而加剧了社会矛盾，再加上严重的旱灾和蝗灾，老百姓整天衣不蔽体，食不果腹。

很快，国内便爆发了一场大规模的农民起义。

在绿林山，有一支以王匡、王凤等人为首的农民起义军，被称为"绿林军"。绿林军壮大得异常迅速，短短几年便从几百人发展到几万人。

后来，山中发生瘟疫，士兵死亡近半。王匡、王凤等首领只好离开绿林山去外地谋求发展。

出乎意料的是，绿林军很快发展成为当时最强大的起义军。

绿林军人马众多，却没有统一的领导，于是大家共同拥立西汉宗室刘玄为皇帝，史称"更始帝"。

　　王莽听说更始帝称帝，十分恐惧，便调集四十二万大军前去平叛，岂料在昆阳却被区区一万多绿林军打得大败而归，史称"昆阳之战"。

　　绿林军越战越勇，一鼓作气打到长安城下。

　　王莽连忙赦免监狱里的囚徒，发给他们兵器，让他们前去抵挡。然而这些囚犯一出城，便四散而逃。

　　不久，绿林军顺利攻破长安并杀进皇宫。

　　王莽带着一千多名大臣仓皇逃往渐台，想要依靠渐台的地势保命。

　　绿林军在宫中四处搜寻王莽，却怎么都找不到他，于是大喊大叫道："反贼王莽在哪里？"

这时，有个美人**战战兢兢**地站出来，说："在渐台！"

大批绿林军纷纷拥向渐台，并将渐台重重包围。

绿林军先射杀了王莽的士兵，接着又射杀了公卿大臣。

王莽见势不妙，连忙躲进内室。不过，他依然没有躲过被杀的命运，建立了仅有十五年的新朝也随之灭亡。

作者说 超有料

王莽之所以会惨死，跟他不切实际的改革有很大关系。他更改了很多官名，导致官员和老百姓都不知道很多官职是干什么的；他更改了很多地名，导致很多老百姓都不知道自己是哪里人，要到哪里去，给他们的生活造成很多不便；他改革货币，导致货币大幅贬值，很多有钱人纷纷破产，更别说穷人了；他还将盐、铁、山林等收归国有，农民连打猎都要缴税……他的一系列改革，把达官显贵和老百姓全都得罪了，所以大家才会站出来推翻他的统治。

tuī xīn zhì fù

推心置腹

用诚心征服一支强大的军队

南朝宋 范晔

推心置腹，出现在我的《后汉书·光武帝纪上》："萧王推赤心置人腹中，安得不投死乎！"

推心置腹，讲的是光武帝刘秀收服铜马军的故事。刘秀智勇双全，并且懂得隐忍，所以才能在众多英雄豪杰中脱颖而出，夺得天下。

释 义	推出自己赤诚的心放进别人的腹中。后形容以真心待人。
近义词	肝胆相照、真心实意、诚心诚意
反义词	钩心斗角、尔虞我诈、虚与委蛇（yí）
例 句	修养这种胸襟的捷径是多与人做真正的好朋友，多与人推心置腹，从对于一部分人得到深刻的了解，做到对于一般人类起深厚的同情。（朱光潜《给青年的十二封信》）

　　绿林军之所以能够迅速壮大并且推翻新朝，离不开汉高祖的九世孙刘缤、刘秀两兄弟领导的春（chōng）陵军的帮助。

　　自从绿林军与春陵军联合后，屡屡大败新军。刘缤与刘秀都**智勇双全**，所以深受绿林军与春陵军的拥戴。

　　当初，绿林军打算拥立西汉宗室子弟做皇帝时，刘缤的呼声远远超过了更始帝，但绿林军的领袖担心刘缤难以控制，这才让软弱无能的更始帝做了皇帝。

　　更始帝做了皇帝后，忌惮刘缤的威名，不惜杀了刘缤。

　　哥哥被杀时，刘秀正在前方奋勇杀敌。当他听到哥哥被杀的消息时，虽然内心万分悲痛，却**忍辱负重**，**马不停蹄**地从前线返回都城，向更始帝谢罪。

　　更始帝感到十分惭愧，为了宽慰刘秀，便拜他为破虏大将军，并封他为武信侯。

　　后来，更始帝打算派刘秀攻打河北的割据

势力。手下人劝更始帝说："一旦放走刘秀，如同纵虎归山，再想控制他就难了！"

更始帝变得有些犹豫不决。

为了摆脱更始帝的控制，刘秀便收买更始帝的心腹，利用他们说服更始帝，这才得以顺利奔赴河北。

一到河北，刘秀的势力迅速壮大起来，这让更始帝极为不安。更始帝担心刘秀的势力继续壮大，更难控制，以封他为萧王为名，命他交出兵马，立刻返回都城接受赐封。

此刻，刘秀哪里肯听更始帝的，拒不领命。更始帝也拿他没办法。

不久，刘秀率军击败了河北最强大的起义军——铜马军，铜马军将领纷纷投降。

不过，投降的将领担心刘秀容不下他们，所以整天惶恐不安。

刘秀为了打消他们的疑虑，便让他们继续统领自己的部队，然后不做任何防备，独自骑着高头大马去视察他们的军营。

投降的将领见刘秀以诚相待，纷纷说："萧王对我们推心置腹，我们怎么能不以死相报呢？"此后，铜马军无不唯刘秀马首是瞻。

随后，刘秀将铜马军全部编入队伍，他的队伍瞬间扩充到几十万人。关西的人也因此称他为"铜马帝"。

等到占领了三分之二的天下后，刘秀便自立为皇帝，史称"光武帝"，国号仍为"汉"，史称"东汉"。

几个月后，绿林军被一支叫赤眉军的起义军打败，更始帝被迫投降，随后被杀害。

　　紧接着，刘秀用了整整十二年的时间消灭了赤眉军以及全国的割据势力，统一全国。

作者说
超有料

　　光武帝刘秀不但是一个上马可以夺取天下的人，还是一个下马可以治理天下的人。在位期间，他减轻赋税，精减官吏，兴修水利，释放奴婢，使得社会安定，经济恢复，开创了"光武中兴"的局面。

公元前 221 年，秦始皇完成统一大业，并建立中国历史上第一个中央集权的封建王朝——秦朝。

公元前 213 年，秦始皇下令焚烧诸子百家的书籍，史称"焚书"。次年，秦始皇又下令将四百六十多名儒生和术士活埋，史称"坑儒"。【焚书坑儒】

公元前 210 年，秦始皇驾崩。胡亥在赵高、李斯的帮助下成功夺取皇位，史称"秦二世"。秦二世为巩固皇位，不惜残杀兄弟姐妹和文武百官。【人人自危】

公元前 209 年，陈胜、吴广领导的农民起义爆发。【揭竿而起】
不久，刘邦率领沛县老百姓起义。【一败涂地】
同年，项梁、项羽叔侄二人杀会稽郡守起兵反秦。【先发制人】

公元前 208 年，陈胜、吴广双双被杀。

公元前 207 年，项羽北上救赵，并在巨鹿之战中大败秦将章邯。【破釜沉舟】
同年，赵高逼迫秦二世自杀。【指鹿为马】

公元前 206 年，秦王子婴向刘邦投降，刘邦顺利进入咸阳。【约法三章】
同年，刘邦亲自到鸿门向项羽谢罪。在鸿门宴上，范增曾命项庄以舞剑助兴为由行刺刘邦，却因项伯阻拦而失败。【项庄舞剑，意在沛公】
不久，项羽进入咸阳，火烧咸阳宫殿。【衣锦夜行】
随后，项羽分封十八路诸侯，刘邦被封为汉王，项羽则自称西楚霸王。
在回封国期间，刘邦拜韩信为大将军，并在韩信的帮助下占领关中之地。【登坛拜将】

公元前205年，刘邦趁项羽深陷齐国战场时，打着替义帝报仇的名义，带领五十六万大军攻破项羽的都城彭城。【大逆不道】

公元前204年，项羽中陈平的离间计猜忌范增。范增告老还乡，途中生病去世。

公元前203年，项羽想跟刘邦一决胜负，刘邦却列举项羽的十条罪状，项羽射伤刘邦。【一决雌雄】
同年，武涉、蒯通先后劝说韩信与刘邦、项羽三分天下，却都未能成功。【功高不赏】
同年，刘邦、项羽以鸿沟为界，平分天下。不久，刘邦撕毁盟约，继续追打项羽。【判若鸿沟】

公元前202年，项羽乌江自刎。【四面楚歌】
不久，刘邦称帝并建立大汉王朝，史称"西汉"。同年，被封为齐王的韩信被改封为楚王。

公元前201年，有人诬陷韩信造反，韩信被贬为淮阴侯。【多多益善】

公元前200年，刘邦被匈奴围困在白登山七天七夜，采纳陈平的计策才得以脱险。

公元前196年，韩信被吕后杀害。

公元前195年，刘邦想废掉太子刘盈，却在见到商山四皓后改变主意。同年，刘邦驾崩，刘盈即位，史称"汉惠帝"。【卑辞厚礼】

约公元前194年，赵王刘如意与母亲戚夫人被吕后杀害。【起居饮食】

公元前180年，吕后去世。陈平、周勃杀光吕氏子弟。
同年，大臣们拥立汉文帝即位。【面折廷争】

公元前157年，汉文帝驾崩，儿子汉景帝即位。后世史家将两父子统治时期并称为"文景之治"。

公元前154年，吴、楚等七个诸侯国造反，史称"吴楚七国之乱"。三个月后，叛乱被平定。

公元前150年，汉景帝废掉栗姬儿子的太子之位，改立刘彻为太子。【金屋藏娇】

公元前140年，汉武帝采纳董仲舒的建议，罢黜百家，独尊儒术。

公元前134年，主父偃前往长安并受到汉武帝重用。几年后，汉武帝采纳主父偃的建议，实行推恩令。【相见恨晚】

公元前126年，因之前齐王自杀，绝了后嗣，为了给天下人一个交代，主父偃被灭族。

公元前119年，"飞将军"李广自杀。【对簿公堂】

公元8年，通过伪装，本是一个穷小子的王莽登上皇位，建立新朝。西汉灭亡。【迫不得已】

公元17年，新市人王匡、王凤等人以绿林山为根据地发动农民起义。【绿林好汉】

公元23年，绿林军攻破长安，王莽被杀，新朝灭亡。

公元25年，刘秀称帝并建立东汉王朝，定都洛阳。【推心置腹】同年，绿林军被赤眉军打败，更始帝投降，不久被杀。